MOLIÈRE.

AMPHITRYON

ILLUSTRÉ

PAR JANET-LANGE.

PRIX : 25 CENTIMES.

PARIS,
PUBLIE PAR GUSTAVE BARBA, LIBRAIRE-EDITEUR,
RUE DE SEINE, 31.
19.
1851

(5)

GUSTAVE BARBA, ÉDITEUR. BEST, HOTELIN ET RÉGNIER, GRAVEURS.

AMPHITRYON,

COMÉDIE EN TROIS ACTES.

NOTICE

SUR

AMPHITRYON.

Amphitryon fut repré- ›nté pour la première fois ır le théâtre du Palais- oyal, le 13 janvier 1668, ›ec cette distribution : So- e, Molière; Jupiter, La horillière; Mercure, Du- ›oisy; Amphitryon, La- ›ange; Alcmène, made- oiselle Molière; Cléanthis, ademoiselle Beauval.

Le sujet d'Amphitryon ap- ırtient à Plaute, et nous ›ettrons nos lecteurs à ›ême de comparer les deux ıteurs en analysant la pièce ıtine.

Prologue. Le spectateur ›prend par la bouche de lercure que Jupiter, sous s traits d'Amphitryon, est ›ec Alcmène, et que, pour ›olonger son bonheur, il a iplé la durée de la nuit.

ACTE PREMIER. Sosie, trem- ant parce qu'il est nuit et ı'il craint d'être arrêté ›mme voleur, arrive du ›rt pour annoncer à la belle lcmène qu'Amphitryon a ıttu les ennemis; il fait une ›pétition de sa harangue,

MERCURE. Je fais sur toi pleuvoir un orage de coups. (Act. I, sc. II.)

lorsque Mercure, qui lui a volé sa figure et son nom, vient l'interrompre, l'empêche d'entrer chez Alcmène, et le renvoie vers le port à grands coups de bâton.

ACTE DEUXIÈME. Amphitryon paraît avec Sosie, qu'il gronde de n'avoir pas exécuté ses ordres; celui-ci donne pour excuse les coups qu'il a reçus de l'autre. Alcmène paraît. Amphitryon croit la surprendre; elle est surprise en effet, mais de voir son époux sitôt de retour, et lui rappelle toutes les preuves d'amour qu'elle lui a prodiguées pendant la nuit dernière. Amphitryon, furieux, proteste qu'il arrive à l'instant de l'armée, et va chercher des témoins pour attester la vérité de ce qu'il avance.

ACTE TROISIÈME. Jupiter, toujours sous la figure d'Amphitryon, entreprend de faire oublier à la belle Alcmène les torts de son mari; il y réussit, et, voulant, dit-il, célébrer son raccommodement par un sacrifice à Jupiter, il ordonne à Sosie d'aller inviter le pilote Blépharon.

ACTE QUATRIÈME. Amphitryon n'a pas trouvé les témoins qu'il cherchait. Il veut rentrer chez lui, Mercure le chasse à coups de pierres, et lui défend de troubler les plaisirs de deux époux nouvellement réconciliés. Sosie survient. Amphitryon le prend pour le téméraire qui l'a insulté, et veut le tuer; mais Jupiter vient mettre le holà, et Sosie se range de son parti.

Acte cinquième. La servante d'Amphitryon annonce qu'Alcmène est accouchée de deux garçons. Jupiter, au bruit du tonnerre, apprend à son rival qu'il l'a remplacé pendant qu'il se battait, lui promet un bonheur infini, et remonte vers l'Olympe.

Pierre Bayle, dans son *Dictionnaire philosophique*, trace en ces termes un parallèle entre les deux écrivains : « Une des plus belles comédies de Plaute est l'Amphitryon. Molière en a fait une du même titre. C'est une de ses meilleures pièces. Il a pris beaucoup de choses de Plaute, mais il leur donne un autre tour : et s'il n'y avait qu'[à com]parer ces deux pièces l'une avec l'autre pour décider la dispu[te qui] s'est élevée depuis quelque temps sur la supériorité ou l'infé[riorité] des anciens, je crois que M. Perrault gagnerait bientôt sa ca[use. Il] y a des finesses et des tours dans l'*Amphitryon* de Molière q[ui sur]passent de beaucoup les railleries de l'*Amphitryon* latin. Co[mbien] de choses n'a-t-il pas fallu retrancher de la comédie de Plaut[e, qui] n'eussent point réussi sur le théâtre français ! Combien d'orne[ments] de trait et de nouvelle invention n'a-t-il pas fallu que Molière [ait in]sérés dans son ouvrage pour le mettre en état d'être applaudi c[omme] il l'a été ! »

Émile de la Bédollie[re].

A SON ALTESSE SÉRÉNISSIME Mgr LE PRINCE.

MONSEIGNEUR,

N'en déplaise à nos beaux esprits, je ne vois rien de plus ennuyeux que les épîtres dédicatoires; et votre altesse sérénissime trouvera bon, s'il lui plaît, que je ne suive point ici le style de ces messieurs-là, et refuse de me servir de deux ou trois misérables pensées qui ont été tournées et retournées tant de fois qu'elles sont usées de tous côtés. Le nom du grand CONDÉ est un nom trop glorieux pour le traiter comme on fait tous les autres noms. Il ne faut l'appliquer, ce nom illustre, qu'à des emplois qui soient dignes de lui, et, pour dire de belles choses, je voudrais parler de le mettre à la tête d'une armée plutôt qu'à la tête d'un livre; et je conçois bien mieux ce qu'il est capable de faire en l'opposant aux forces des ennemis de cet État qu'en l'opposant à la critique des ennemis d'une comédie.

Ce n'est pas, monseigneur, que la glorieuse approbation de V. A. S. ne fût une puissante protection pour toutes ces sortes d'ouvrages, et qu'on ne soit persuadé des lumières de votre esprit autant que de l'intrépidité de votre cœur et de la grandeur de votre âme. On sait par toute la terre que l'éclat de votre mérite n'est point renfermé dans les bornes de cette valeur indomptable qui se fait des adorateurs chez ceux mêmes qu'elle surmonte; qu'il s'étend, ce mérite, jusqu'aux connaissances les plus fines et les plus relevées, et que les décisions de votre jugement sur tous les ouvrages d'esprit ne manquent [point] d'être suivies par le sentiment des plus délicats. Mais on sait [aussi], monseigneur, que toutes ces glorieuses approbations dont nou[s nous] vantons au public ne nous coûtent rien à faire imprimer, et [que ce] sont des choses dont nous disposons comme nous voulons. O[n sait,] dis-je, qu'une épître dédicatoire dit tout ce qu'il lui plaît, et [qu'un] auteur est en pouvoir d'aller saisir les personnes les plus augus[tes, et] de parer de leurs grands noms les premiers feuillets de son livre[; qu'il] a la liberté de s'y donner, autant qu'il le veut, l'honneur de leur e[stime,] et se faire des protecteurs qui n'ont jamais songé à l'être.

Je n'abuserai jamais, monseigneur, ni de votre nom ni de vos [bontés] pour combattre les censeurs de l'Amphitryon, et m'attribue[r une] gloire que je n'ai peut-être pas méritée; et je ne prends la libe[rté de] vous offrir ma comédie que pour avoir lieu de vous dire que je r[egarde] incessamment avec une profonde vénération les grandes qualit[és que] vous joignez au sang auguste dont vous tenez le jour, et que j[e suis,] monseigneur, avec tout le respect possible et tout le zèle imagi[nable,]

DE VOTRE ALTESSE SÉRÉNISSIME

le très-humble, très-obéissant et très-obligé servite[ur,]

Molière.

AMPHITRYON.

PERSONNAGES DU PROLOGUE.

MERCURE,
LA NUIT.

PERSONNAGES DE LA COMÉDIE.

JUPITER, sous la figure d'Amphitryon.
MERCURE, sous la figure de Sosie.
AMPHYTRYON, général des Thébains.
ALCMÈNE, femme d'Amphitryon.
CLÉANTHIS, suivante d'Alcmène et femme de Sosie,
ARGATIPHONTIDAS, NAUCRATÈS, POLIDAS, PAUSICLÈS, } capitaines thébains.
SOSIE, valet d'Amphitryon.

La scène est à Thèbes, dans le palais d'Amphitryon.

PROLOGUE.

MERCURE *sur un nuage,* LA NUIT *dans un char traîné dans l'air par deux chevaux.*

MERCURE. Tout beau, charmante Nuit, daignez vous arrêter,
Il est certain secours que de vous on désire;
Et j'ai deux mots à vous dire
De la part de Jupiter.
LA NUIT. Ah! ah! c'est vous, seigneur Mercure!
Qui vous eût deviné là dans cette posture?
MERCURE. Ma foi, me trouvant las pour ne pouvoir fournir
Aux différents emplois où Jupiter m'engage,
Je me suis doucement assis sur ce nuage
Pour vous attendre venir.
LA NUIT. Vous vous moquez, Mercure, et vous n'y songez pas :
Sied-il bien à des dieux de dire qu'ils sont las?
MERCURE. Les dieux sont-ils de fer?
LA NUIT. Non, mais il faut sans cesse
Garder le décorum de la divinité.
Il est de certains mots dont l'usage rabaisse
Cette sublime qualité,
Et que, pour leur indignité,
Il est bon qu'aux hommes on laisse.
MERCURE. A votre aise vous en parlez;
Et vous avez, la belle, une chaise roulante
Où, par deux bons chevaux, en dame nonchalante,
Vous vous faites traîner partout où vous voulez.
Mais de moi ce n'est pas de même;
Et je ne puis vouloir, dans mon destin fatal,
Aux poëtes assez de mal
De leur impertinence extrême,
D'avoir, par une injuste loi
Dont on veut maintenir l'usage,
A chaque dieu, dans son emploi,
Donné quelque allure en partage,
Et de me laisser à pied, moi,
Comme un messager de village;
Moi qui suis, comme on sait, en terre et dans les cieu[x,]
Le fameux messager du souverain des dieux;
Et qui, sans rien exagérer,
Par tous les emplois qu'il me donne,

Aurais besoin plus que personne
D'avoir de quoi me voiturer.
LA NUIT. Que voulez-vous faire à cela?
Les poëtes font à leur guise.
Ce n'est pas la seule sottise
Qu'on voit faire à ces messieurs-là.
Mais contre eux toutefois votre âme à tort s'irrite,
Et vos ailes aux pieds sont un don de leurs soins.
MERCURE. Oui; mais, pour aller plus vite,
Est-ce qu'on s'en lasse moins?
LA NUIT. Laissons cela, seigneur Mercure,
Et sachons ce dont il s'agit.
MERCURE. C'est Jupiter, comme je vous l'ai dit,
Qui de votre manteau veut la faveur obscure
Pour certaine douce aventure
Qu'un nouvel amour lui fournit.
Ses pratiques, je crois, ne vous sont pas nouvelles;
Bien souvent pour la terre il néglige les cieux;
Et vous n'ignorez pas que ce maître des dieux
Aime à s'humaniser pour des beautés mortelles,
Et sait cent tours ingénieux
Pour mettre à bout les plus cruelles.
Des yeux d'Alcmène il a senti les coups;
Et tandis qu'au milieu des béotiques plaines
Amphitryon, son époux,
Commande aux troupes thébaines,
Il en a pris la forme, et reçoit là-dessous
Un soulagement à ses peines
Dans la possession des plaisirs les plus doux.
L'état des mariés à ses feux est propice :
L'hymen ne les a joints que depuis quelques jours;
Et la jeune chaleur de leurs tendres amours
A fait que Jupiter à ce bel artifice
S'est avisé d'avoir recours.
Son stratagème ici se trouve salutaire :
Mais près de maint objet chéri
Pareil déguisement serait pour ne rien faire;
Et ce n'est pas partout un bon moyen de plaire,
Que la figure d'un mari.
LA NUIT. J'admire Jupiter, et je ne comprends pas
Tous les déguisements qui lui viennent en tête.
MERCURE. Il veut goûter par là toutes sortes d'états;
Et c'est agir en dieu qui n'est pas bête.
Dans quelque rang qu'il soit des mortels regardé,
Je le tiendrais fort misérable
S'il ne quittait jamais sa mine redoutable,
Et qu'au faîte des cieux il fût toujours guindé.
Il n'est point à mon gré de plus sotte méthode
Que d'être emprisonné toujours dans sa grandeur;
Et surtout aux transports de l'amoureuse ardeur
La haute qualité devient fort incommode.
Jupiter, qui sans doute en plaisirs se connaît,
Sait descendre du haut de sa gloire suprême;
Et pour entrer dans tout ce qui lui plaît
Il sort tout à fait de lui même,
Et ce n'est plus alors Jupiter qui paraît.
LA NUIT. Passe encor de le voir de ce sublime étage
Dans celui des hommes venir,
Prendre tous les transports que leur cœur peut fournir,
Et se faire à leur badinage,
Si, dans les changements où son humeur l'engage,
A la nature humaine il s'en voulait tenir.
Mais de voir Jupiter taureau,
Serpent, cygne ou quelque autre chose,
Je ne trouve point cela beau,
Et ne m'étonne pas si parfois on en cause.
MERCURE. Laissons dire tous les censeurs :
Tels changements ont leurs douceurs
Qui passent leur intelligence.
Ce dieu sait ce qu'il fait aussi bien là qu'ailleurs;
Et dans les mouvements de leurs tendres ardeurs
Les bêtes ne sont pas si bêtes que l'on pense.
LA NUIT. Revenons à l'objet dont il a les faveurs.
Si par son stratagème il voit sa flamme heureuse,
Que peut-il souhaiter, et qu'est-ce que je puis?
MERCURE. Que vos chevaux par vous au petit pas réduits,
Pour satisfaire aux vœux de son âme amoureuse,
D'une nuit si délicieuse
Fassent la plus longue des nuits;
Qu'à ses transports vous donniez plus d'espace,
Et retardiez la naissance du jour
Qui doit avancer le retour
De celui dont il tient la place.
LA NUIT. Voilà sans doute un bel emploi
Que le grand Jupiter m'apprête!
Et l'on donne un nom fort honnête
Au service qu'il veut de moi!
MERCURE. Pour une jeune déesse,
Vous êtes bien du bon temps!
Un tel emploi n'est bassesse
Que chez les petites gens.
Lorsque dans un haut rang on a l'heur de paraître,
Tout ce qu'on fait est toujours bel et bon:
Et suivant ce qu'on peut être
Les choses changent de nom.
LA NUIT. Sur de parcilles matières
Vous en savez plus que moi;
Et pour accepter l'emploi
J'en veux croire vos lumières.
MERCURE. Hé! la, la, madame la Nuit,
Un peu doucement, je vous prie;
Vous avez dans le monde un bruit
De n'être pas si renchérie.
On vous fait confidente, en cent climats divers,
De beaucoup de bonnes affaires;
Et je crois, à parler à sentiments ouverts,
Que nous ne nous en devons guères.
LA NUIT. Laissons ces contrariétés,
Et demeurons ce que nous sommes.
N'apprêtons point à rire aux hommes
En nous disant nos vérités.
MERCURE. Adieu. Je vais là-bas, dans ma commission,
Dépouiller promptement la forme de Mercure.
Pour y vêtir la figure
Du valet d'Amphitryon.
LA NUIT. Moi, dans cet hémisphère, avec ma suite obscure,
Je vais faire une station.
MERCURE. Bonjour, la Nuit.
LA NUIT. Adieu, Mercure.
(Mercure descend de son nuage et la Nuit traverse le théâtre.)

ACTE PREMIER.

SCÈNE I.

SOSIE.

SOSIE. Qui va là? Hé! ma peur à chaque pas s'accroît!
Messieurs, ami de tout le monde.
Ah! quelle audace sans seconde
De marcher à l'heure qu'il est!
Que mon maître, couvert de gloire,
Me joue ici d'un vilain tour!
Quoi! si pour son prochain il avait quelque amour,
M'aurait-il fait partir par une nuit si noire?
Et, pour me renvoyer annoncer son retour
Et le détail de sa victoire,
Ne pouvait-il pas bien attendre qu'il fût jour?
Sosie, à quelle servitude
Tes jours sont-ils assujettis?
Notre sort est beaucoup plus rude
Chez les grands que chez les petits.
Ils veulent que pour eux tout soit, dans la nature,
Obligé de s'immoler.
Jour et nuit, grêle, vent, péril, chaleur, froidure,
Dès qu'ils parlent, il faut voler.
Vingt ans d'assidu service
N'en obtiennent rien pour nous :
Le moindre petit caprice
Nous attire leur courroux.
Cependant notre âme insensée
S'acharne au vain honneur de demeurer près d'eux,
Et s'y veut contenter de la fausse pensée
Qu'ont tous les autres gens que nous sommes heureux.
Vers la retraite en vain la raison nous appelle,
En vain notre dépit quelquefois y consent?
Leur vue a sur notre zèle
Un ascendant trop puissant,
Et la moindre faveur d'un coup d'œil caressant
Nous rengage de plus belle.
Mais enfin, dans l'obscurité,
Je vois notre maison, et ma frayeur s'évade.
Il me faudrait, pour l'ambassade,
Quelque discours prémédité.
Je dois aux yeux d'Alcmène un portrait militaire
Du grand combat qui met nos ennemis à bas;

Mais comment diantre le faire,
Si je ne m'y trouvai pas?
N'importe, parlons-en et d'estoc et de taille,
Comme oculaire témoin.
Combien de gens font-ils des récits de bataille
Dont ils se sont tenus loin!
Pour jouer mon rôle sans peine,
Je le veux un peu repasser.
Voici la chambre où j'entre en courrier que l'on mène;
Et cette lanterne est Alcmène,
A qui je me dois adresser.
(*Sosie pose sa lanterne à terre.*)
Madame, Amphitryon, mon maître et votre époux...
(Bon! beau début!) l'esprit toujours plein de vos charmes,
M'a voulu choisir entre tous
Pour vous donner avis du succès de ses armes,
Et du désir qu'il a de se voir près de vous.
« Ah! vraiment, mon pauvre Sosie,
» A te revoir j'ai de la joie au cœur. »
Madame, ce m'est trop d'honneur,
Et mon destin doit faire envie.
(Bien répondu!) « Comment se porte Amphitryon? »
Madame, en homme de courage,
Dans les occasions où la gloire l'engage.
(Fort bien! belle conception!)
« Quand viendra-t-il, par son retour charmant,
» Rendre mon âme satisfaite? »
Le plus tôt qu'il pourra, madame, assurément,
Mais bien plus tard que son cœur ne souhaite.
(Ah!) « Mais quel est l'état où la guerre l'a mis?
» Que dit-il? que fait-il? Contente un peu mon âme. »
Il dit moins qu'il ne fait, madame,
Et fait trembler les ennemis.
(Peste! où prend mon esprit toutes ces gentillesses?)
« Que font les révoltés? dis-moi, quel est leur sort? »
Ils n'ont pu résister, madame, à notre effort;
Nous les avons taillés en pièces,
Mis Ptérélas leur chef à mort,
Pris Télèbe d'assaut; et déjà dans le port
Tout retentit de nos prouesses.
« Ah! quel succès! ô dieux! Qui l'eût pu jamais croire!
» Raconte-moi, Sosie, un tel événement. »
Je le veux bien, madame; et, sans m'enfler de gloire,
Du détail de cette victoire
Je puis parler très-savamment.
Figurez-vous donc que Télèbe,
Madame, est de ce côté;
(*Sosie marque les lieux sur sa main.*)
C'est une ville, en vérité,
Aussi grande quasi que Thèbe.
La rivière est comme là.
Ici nos gens se campèrent;
Et l'espace que voilà,
Nos ennemis l'occupèrent.
Sur un haut, vers cet endroit,
Etait leur infanterie;
Et plus bas, du côté droit,
Etait la cavalerie.
Après avoir aux dieux adressé les prières,
Tous les ordres donnés, on donne le signal :
Les ennemis, pensant nous tailler des croupières,
Firent trois pelotons de leurs gens à cheval;
Mais leur chaleur par nous fut bientôt réprimée,
Et vous allez voir comme quoi.
Voilà notre avant-garde à bien faire animée;
Là, les archers de Créon, notre roi;
Et voici le corps d'armée,
(*On fait un peu de bruit.*)
Qui d'abord... Attendez, le corps d'armée a peur;
J'entends quelque bruit, ce me semble.

SCÈNE II.

MERCURE, SOSIE.

MERCURE, *sous la figure de Sosie, sortant de la maison d'Amphitryon.*
Sous ce minois qui lui ressemble,
Chassons de ces lieux ce causeur,
Dont l'abord importun troublerait la douceur
Que nos amants goûtent ensemble.

SOSIE *sans voir Mercure.* Mon cœur tant soit peu se rassure,
Et je pense que ce n'est rien.
Crainte pourtant de sinistre aventure,
Allons chez nous achever l'entretien.

MERCURE *à part.* Tu seras plus fort que Mercure,
Ou je t'en empêcherai bien.

SOSIE *sans voir Mercure.* Cette nuit en longueur me semble sans pareille.
Il faut, depuis le temps que je suis en chemin,
Ou que mon maître ait pris le soir pour le matin,
Ou que trop tard au lit le long Phébus sommeille,
Pour avoir trop pris de son vin.

MERCURE *à part.* Comme avec irrévérence
Parle des dieux ce maraud!
Mon bras saura bien tantôt
Châtier cette insolence;
Et je vais m'égayer avec lui comme il faut,
En lui volant son nom avec sa ressemblance.

SOSIE *apercevant Mercure d'un peu loin.*
Ah! par ma foi, j'avais raison :
C'est fait de moi, chétive créature!
Je vois devant notre maison
Certain homme dont l'encolure
Ne me présage rien de bon.
Pour faire semblant d'assurance,
Je veux chanter un peu d'ici.
(*Il chante.*)

MERCURE. Qui donc est ce coquin qui prend tant de licence
Que de chanter et m'étourdir ainsi?
(*A mesure que Mercure parle, la voix de Sosie s'affaiblit peu à peu*)
Veut-il qu'à l'étriller ma main un peu s'applique?

SOSIE *à part.* Cet homme assurément n'aime pas la musique.

MERCURE. Depuis plus d'une semaine
Je n'ai trouvé personne à qui rompre les os;
La vigueur de mon bras se perd dans le repos,
Et je cherche quelque dos
Pour me remettre en haleine.

SOSIE *à part.* Quel diable d'homme est-ce ci?
De mortelles frayeurs je sens mon âme atteinte.
Mais pourquoi trembler tant aussi?
Peut-être a-t-il dans l'âme autant que moi de crainte,
Et que le drôle parle ainsi
Pour me cacher sa peur sous une audace feinte.
Oui, oui, ne souffrons point qu'on nous croie un oison :
Si je ne suis hardi, tâchons de le paraître.
Faisons-nous du cœur par raison :
Il est seul, comme moi; je suis fort; j'ai bon maître;
Et voilà notre maison.

MERCURE. Qui va là?

SOSIE. Moi.

MERCURE. Qui moi?

(*A part.*)

SOSIE. Moi. Courage, Sosie!

MERCURE. Quel est ton sort? dis-moi.

SOSIE. D'être homme et de parler.

MERCURE. Es-tu maître ou valet?

SOSIE. Comme il me prend envie.

MERCURE. Où s'adressent tes pas?

SOSIE. Où j'ai dessein d'aller.

MERCURE. Ah! ceci me déplaît.

SOSIE. J'en ai l'âme ravie.

MERCURE. Résolument, par force ou par amour,
Je veux savoir de toi, traître,
Ce que tu fais, d'où tu viens avant jour,
Où tu vas, à qui tu peux être.

SOSIE. Je fais le bien et le mal tour à tour;
Je viens de là, vais là; j'appartiens à mon maître.

MERCURE. Tu montres de l'esprit, et je te vois en train
De trancher avec moi de l'homme d'importance.
Il me prend un désir, pour faire connaissance,
De te donner un soufflet de ma main.

SOSIE. A moi-même?

MERCURE. A toi-même, et t'en voilà certain.
(*Mercure donne un soufflet à Sosie.*)

SOSIE. Ah! ah! c'est tout de bon.

MERCURE. Non, ce n'est que pour rire,
Et répondre à tes quolibets.

SOSIE. Tudieu! l'ami, sans vous rien dire,
Comme vous baillez des soufflets!

MERCURE. Ce sont là de mes moindres coups,
De petits soufflets ordinaires.

SOSIE. Si j'étais aussi prompt que vous,
Nous ferions de belles affaires.

MERCURE. Nous verrons bien autre chose;
Tout cela n'est encor rien.
Pour y faire quelque pause,
Poursuivons notre entretien.

SOSIE. Je quitte la partie.
(*Sosie veut s'en aller.*)

MERCURE *arrêtant Sosie.* Où vas-tu?

SOSIE. Que t'importe?

MERCURE. Je veux savoir où tu vas.

SOSIE. Me faire ouvrir cette porte.

Pourquoi retiens-tu mes pas?
MERCURE. Si jusqu'à l'approcher tu pousses ton audace,
Je fais sur toi pleuvoir un orage de coups.
SOSIE. Quoi! tu veux, par ta menace,
M'empêcher d'entrer chez nous?
MERCURE. Comment! chez nous?
SOSIE. Oui, chez nous.
MERCURE. O le traître!
Tu te dis de cette maison?
SOSIE. Fort bien. Amphitryon n'en est-il pas le maître?
MERCURE. Hé bien! que fait cette raison?
SOSIE. Je suis son valet.
MERCURE. Toi?
SOSIE. Moi.
MERCURE. Son valet?
SOSIE. Sans doute.
MERCURE. Valet d'Amphitryon?
SOSIE. D'Amphitryon, de lui.
MERCURE. Ton nom est?...
SOSIE. Sosie.
MERCURE. Hé! comment?
SOSIE. Sosie.
MERCURE. Ecoute.
Sais-tu que de ma main je t'assomme aujourd'hui?
SOSIE. Pourquoi? De quelle rage est ton âme saisie?
MERCURE. Qui te donne, dis-moi, cette témérité
De prendre le nom de Sosie?
SOSIE. Moi, je ne le prends point, je l'ai toujours porté.
MERCURE. O le mensonge horrible, et l'impudence extrême!
Tu m'oses soutenir que Sosie est ton nom?
SOSIE. Fort bien, je le soutiens; par la grande raison
Qu'ainsi l'a fait des dieux la puissance suprême,
Et qu'il n'est pas en moi de pouvoir dire non
Et d'être un autre que moi-même.
MERCURE. Mille coups de bâton doivent être le prix
D'une pareille effronterie.
SOSIE *battu par Mercure.* Justice, citoyens! Au secours, je vous prie!
MERCURE. Comment! bourreau, tu fais des cris!
SOSIE. De mille coups tu me meurtris,
Et tu ne veux pas que je crie?
MERCURE. C'est ainsi que mon bras...
SOSIE. L'action ne vaut rien.
Tu triomphes de l'avantage
Que te donne sur moi mon manque de courage;
Et ce n'est pas en user bien.
C'est pure fanfaronnerie
De vouloir profiter de la poltronnerie
De ceux qu'attaque notre bras.
Battre un homme à jeu sûr n'est pas d'une belle âme;
Et le cœur est digne de blâme
Contre les gens qui n'en ont pas.
MERCURE. Hé bien! es-tu Sosie à présent? qu'en dis-tu?
SOSIE. Tes coups n'ont point en moi fait de métamorphose;
Et tout le changement que je trouve à la chose,
C'est d'être Sosie battu.
MERCURE *menaçant Sosie.*
Encor! Cent autres coups pour cette autre impudence.
SOSIE. De grâce, fais trêve à tes coups.
MERCURE. Fais donc trêve à ton insolence.
SOSIE. Tout ce qu'il te plaira; je garde le silence.
La dispute est par trop inégale entre nous.
MERCURE. Es-tu Sosie encor? dis, traître!
SOSIE. Hélas! je suis ce que tu veux :
Dispose de mon sort tout au gré de tes vœux,
Ton bras t'en a fait le maître.
MERCURE. Ton nom était Sosie, à ce que tu disais?
SOSIE. Il est vrai, jusqu'ici j'ai cru la chose claire;
Mais ton bâton sur cette affaire
M'a fait voir que je m'abusais.
MERCURE. C'est moi qui suis Sosie, et tout Thèbes l'avoue :
Amphitryon jamais n'en eut d'autre que moi.
SOSIE. Toi, Sosie?
MERCURE. Oui, Sosie; et si quelqu'un s'y joue,
Il peut bien prendre garde à soi.
SOSIE *à part.* Ciel! me faut-il ainsi renoncer à moi-même,
Et par un imposteur me voir voler mon nom?
Que son bonheur est extrême
De ce que je suis poltron!
Sans cela, par la mort...
MERCURE. Entre tes dents, je pense,
Tu murmures je ne sais quoi.
SOSIE. Non. Mais, au nom des dieux, donne-moi la licence
De parler un moment à toi.
MERCURE. Parle.
SOSIE. Mais promets-moi, de grâce,
Que les coups n'en seront point.
Signons une trêve.
MERCURE. Passe :
Va, je t'accorde ce point.
SOSIE. Qui te jette, dis-moi, dans cette fantaisie?
Que te reviendra-t-il de m'enlever mon nom?
Et peux-tu faire enfin, quand tu serais démon,
Que je ne sois pas moi, que je ne sois Sosie?
MERCURE *levant le bâton sur Sosie.* Comment! tu peux...
SOSIE. Ah! tout doux :
Nous avons fait trêve aux coups.
MERCURE. Quoi! pendard, imposteur, coquin...
SOSIE. Pour des injures,
Dis-m'en tant que tu voudras;
Ce sont légères blessures,
Et je ne m'en fâche pas.
MERCURE. Tu te dis Sosie?
SOSIE. Oui. Quelque conte frivole...
MERCURE. Sus, je romps notre trêve et reprends ma parole.
SOSIE. N'importe. Je ne puis m'anéantir pour toi,
Et souffrir un discours si loin de l'apparence.
Etre ce que je suis est-il en ta puissance?
Et puis-je cesser d'être moi?
S'avisa-t-on jamais d'une chose pareille?
Et peut-on démentir cent indices pressants?
Rêvé-je? Est-ce que je sommeille?
Ai-je l'esprit troublé par des transports puissants?
Ne sens-je pas bien que je veille?
Ne suis-je pas dans mon bon sens?
Mon maître Amphitryon ne m'a-t-il pas commis
A venir en ces lieux vers Alcmène sa femme?
Ne lui dois-je pas faire, en lui vantant sa flamme,
Un récit de ses faits contre nos ennemis?
Ne suis-je pas du port arrivé tout à l'heure?
Ne tiens-je pas une lanterne en main?
Ne te trouvé-je pas devant notre demeure?
Ne t'y parlé-je pas d'un esprit tout humain?
Ne te tiens-tu pas fort de ma poltronnerie?
Pour m'empêcher d'entrer chez nous[1],
N'as-tu pas sur mon dos exercé ta furie?
Ne m'as-tu pas roué de coups?
Ah! tout cela n'est que trop véritable;
Et, plût au ciel, le fût-il moins!
Cesse donc d'insulter au sort d'un misérable,
Et laisse à mon devoir s'acquitter de ses soins.
MERCURE. Arrête, ou sur ton dos le moindre pas attire
Un assommant éclat de mon juste courroux.
Tout ce que tu viens de dire
Est à moi, hormis les coups.
SOSIE. Ce matin du vaisseau, plein de frayeur en l'âme,
Cette lanterne sait comme je suis parti.
Amphitryon, du camp, vers Alcmène sa femme
M'a-t-il pas envoyé?
MERCURE. Vous en avez menti.
C'est moi qu'Amphitryon députe vers Alcmène,
Et qui du port persique arrive de ce pas;
Moi qui viens annoncer la valeur de son bras,
Qui nous fait remporter une victoire pleine
Et de nos ennemis a mis le chef à bas.
C'est moi qui suis Sosie enfin, de certitude,
Fils de Dave honnête berger,
Frère d'Arpage mort en pays étranger,
Mari de Cléanthis la prude
Dont l'humeur me fait enrager,
Qui dans Thèbe ai reçu mille coups d'étrivière
Sans en avoir jamais dit rien,
Et jadis en public fus marqué par derrière
Pour être trop homme de bien.
SOSIE *bas à part.* Il a raison. A moins d'être Sosie,
On ne peut pas savoir tout ce qu'il dit;
Et, dans l'étonnement dont mon âme est saisie,
Je commence, à mon tour, à le croire un petit.
En effet, maintenant que je le considère,
Je vois qu'il a de moi taille, mine, action.
Faisons-lui quelque question,
Afin d'éclaircir ce mystère.
(Haut.)
Parmi tout le butin fait sur nos ennemis,
Qu'est-ce qu'Amphitryon obtint pour son partage?
MERCURE. Cinq fort gros diamants en nœud proprement mis,
Dont leur chef se parait comme d'un rare ouvrage.
SOSIE. A qui destine-t-il un si riche présent?
MERCURE. A sa femme; et sur elle il le veut voir paraître.
SOSIE. Mais où, pour l'apporter, est-il mis à présent?
MERCURE. Dans un coffret scellé des armes de mon maître.

SOSIE *à part.* Il ne ment pas d'un mot à chaque repartie;
Et de moi je commence à douter tout de bon.
Près de moi par la force il est déjà Sosie;
Il pourrait bien encor l'être par la raison.
Pourtant, quand je me tâte, et que je me rappelle,
Il me semble que je suis moi.
Où puis-je rencontrer quelque clarté fidèle
Pour démêler ce que je voi?
Ce que j'ai fait tout seul, et que n'a vu personne,
A moins d'être moi-même on ne le peut savoir;
Par cette question il faut que je l'étonne;
C'est de quoi le confondre; et nous allons le voir.
(Haut.)
Lorsqu'on était aux mains que fis-tu dans nos tentes,
Où tu courus seul te fourrer?

MERCURE. D'un jambon...

SOSIE *bas à part.* L'y voilà!

MERCURE. que j'allai déterrer
Je coupai bravement deux tranches succulentes,
Dont je sus fort bien me bourrer.
Et joignant à cela d'un vin que l'on ménage,
Et dont avant le goût les yeux se contentaient,
Je pris un peu de courage
Pour nos gens qui se battaient.

SOSIE *bas à part.* Cette preuve sans pareille
En sa faveur conclut bien;
Et l'on n'y peut dire rien,
S'il n'était dans la bouteille.
(Haut.)
Je ne saurais nier, aux preuves qu'on m'expose,
Que tu ne sois Sosie, et j'y donne ma voix.
Mais, si tu l'es, dis-moi qui tu veux que je sois:
Car encor faut-il bien que je sois quelque chose.

MERCURE. Quand je ne serai plus Sosie,
Sois-le; j'en demeure d'accord:
Mais, tant que je le suis, je te garantis mort,
Si tu prends cette fantaisie.

SOSIE. Tout cet embarras met mon esprit sur les dents,
Et la raison à ce qu'on voit s'oppose.
Mais il faut terminer enfin par quelque chose:
Et le plus court pour moi, c'est d'entrer là-dedans.

MERCURE. Ah! tu prends donc, pendard, goût à la bastonnade?

SOSIE *battu par Mercure.* Ah! qu'est-ce ci, grands dieux! il frappe un ton [plus fort,]
Et mon dos pour un mois en doit être malade.
Laissons ce diable d'homme et retournons au port.
O juste ciel! j'ai fait une belle ambassade!

MERCURE *seul.* Enfin je l'ai fait fuir; et, sous ce traitement,
De beaucoup d'actions il a reçu la peine.
Mais je vois Jupiter, que fort civilement
Reconduit l'amoureuse Alcmène.

SCÈNE III.

JUPITER *sous la figure d'Amphitryon,* ALCMÈNE, CLÉANTHIS, MERCURE.

JUPITER. Défendez, chère Alcmène, aux flambeaux d'approcher.
Ils m'offrent des plaisirs en m'offrant votre vue;
Mais ils pourraient ici découvrir ma venue,
Qu'il est à propos de cacher.
Mon amour, que gênaient tous ces soins éclatants
Où me tenait lié la gloire de nos armes,
Aux devoirs de ma charge a volé les instants
Qu'il vient de donner à vos charmes.
Ce vol qu'à vos beautés mon cœur a consacré
Pourrait être blâmé dans la bouche publique,
Et j'en veux pour témoin unique
Celle qui peut m'en savoir gré.

ALCMÈNE. Je prends, Amphitryon, grande part à la gloire
Que répandent sur vous vos illustres exploits;
Et l'éclat de votre victoire
Sait toucher de mon cœur les sensibles endroits:
Mais, quand je vois que cet honneur fatal
Eloigne de moi ce que j'aime,
Je ne puis m'empêcher, dans ma tendresse extrême,
De lui vouloir un peu de mal,
Et d'opposer mes vœux à cet ordre suprême
Qui des Thébains vous fait le général.
C'est une douce chose, après une victoire,
Que la gloire où l'on voit ce qu'on aime élevé;
Mais, parmi les périls mêlés à cette gloire,
Un triste coup, hélas! est bientôt arrivé.
De combien de frayeurs a-t-on l'âme blessée
Au moindre choc dont on entend parler!
Voit-on, dans les horreurs d'une telle pensée,
Par où jamais se consoler
Du coup dont elle est menacée?
Et de quelque laurier qu'on couronne un vainqueur,
Quelque part que l'on ait à cet honneur suprême,
Vaut-il ce qu'il en coûte aux tendresses d'un cœur
Qui peut, à tout moment, trembler pour ce qu'il aime?

JUPITER. Je ne vois rien en vous dont mon feu ne s'augmente;
Tout y marque à mes yeux un cœur bien enflammé,
Et c'est, je vous l'avoue, une chose charmante
De trouver tant d'amour dans un objet aimé.
Mais, si je l'ose dire, un scrupule me gêne
Aux tendres sentiments que vous me faites voir;
Et, pour les bien goûter, mon amour, chère Alcmène,
Voudrait n'y voir entrer rien de votre devoir;
Qu'à votre seule ardeur, qu'à ma seule personne,
Je dusse les faveurs que je reçois de vous;
Et que la qualité que j'ai de votre époux
Ne fût point ce qui me les donne.

ALCMÈNE. C'est de ce nom pourtant que l'ardeur qui me brûle
Tient le droit de paraître au jour;
Et je ne comprends rien à ce nouveau scrupule
Dont s'embarrasse votre amour.

JUPITER. Ah! ce que j'ai pour vous d'ardeur et de tendresse
Passe aussi celle d'un époux;
Et vous ne savez pas, dans des moments si doux,
Quelle en est la délicatesse.
Vous ne concevez point qu'un cœur bien amoureux
Sur cent petits égards s'attache avec étude,
Et se fait une inquiétude
De la manière d'être heureux.
En moi, belle et charmante Alcmène,
Vous voyez un mari, vous voyez un amant;
Mais l'amant seul me touche, à parler franchement,
Et je sens près de vous que le mari le gêne.
Cet amant, de vos vœux jaloux au dernier point,
Souhaite qu'à lui seul votre cœur s'abandonne;
Et sa passion ne veut point
De ce que le mari lui donne.
Il veut de pure source obtenir vos ardeurs,
Et ne veut rien tenir des nœuds de l'hyménée,
Rien d'un fâcheux devoir qui fait agir les cœurs;
Et par qui tous les jours des plus chères faveurs
La douceur est empoisonnée.
Dans le scrupule enfin dont il est combattu,
Il veut, pour satisfaire à sa délicatesse,
Que vous le sépariez d'avec ce qui le blesse,
Que le mari ne soit que pour votre vertu,
Et que de votre cœur de bonté revêtu
L'amant ait tout l'amour et toute la tendresse.

ALCMÈNE. Amphitryon, en vérité,
Vous vous moquez de tenir ce langage;
Et j'aurais peur qu'on ne vous crût pas sage
Si de quelqu'un vous étiez écouté.

JUPITER. Ce discours est plus raisonnable,
Alcmène, que vous ne pensez.
Mais un plus long séjour me rendrait trop coupable,
Et du retour au port les moments sont pressés.
Adieu. De mon devoir l'étrange barbarie
Pour un temps m'arrache de vous;
Mais, belle Alcmène, au moins, quand vous verrez l'ép
Songez à l'amant, je vous prie.

ALCMÈNE. Je ne sépare point ce qu'unissent les dieux;
Et l'époux et l'amant me sont fort précieux.

SCÈNE IV.

CLÉANTHIS, MERCURE.

CLÉANTHIS *à part.* O ciel! que d'aimables caresses
D'un époux ardemment chéri!
Et que mon traître de mari
Est loin de toutes ces tendresses!

MERCURE *à part.* La Nuit, qu'il me faut avertir,
N'a plus qu'à plier tous ses voiles;
Et, pour effacer les étoiles,
Le Soleil de son lit peut maintenant sortir.

CLÉANTHIS *arrêtant Mercure.* Quoi! c'est ainsi que l'on me quitte?

MERCURE. Et comment donc? ne veux-tu pas
Que de mon devoir je m'acquitte,
Et que d'Amphitryon j'aille suivre les pas?

CLÉANTHIS. Mais avec cette brusquerie,
Traître, de moi te séparer!

MERCURE. Le beau sujet de fâcherie!
Nous avons tant de temps ensemble à demeurer!

CLÉANTHIS. Mais quoi! partir ainsi d'une façon brutale,
Sans me dire un seul mot de douceur pour régale!

MERCURE. Diantre! où veux-tu que mon esprit
T'aille chercher des fariboles?
Quinze ans de mariage épuisent les paroles;
Et depuis un long temps nous nous sommes tout dit.

CLÉANTHIS. Regarde, traître, Amphitryon,
Vois combien pour Alcmène il étale de flamme;
Et rougis, là-dessus, du peu de passion
Que tu témoignes pour ta femme.
MERCURE. Eh! mon Dieu! Cléanthis, ils sont encore amants.
Il est certain âge où tout passe;
Et ce qui leur sied bien dans ces commencements,
En nous, vieux mariés, aurait mauvaise grâce.
Il nous ferait beau voir attachés face à face
A pousser les beaux sentiments!
CLÉANTHIS. Quoi! suis-je hors d'état, perfide, d'espérer
Qu'un cœur auprès de moi soupire?
MERCURE. Non, je n'ai garde de le dire;
Mais je suis trop barbon pour oser soupirer,
Et je ferais crever de rire.
CLÉANTHIS. Mérites-tu, pendard, cet insigne bonheur
De te voir pour épouse une femme d'honneur?
MERCURE. Mon Dieu! tu n'es que trop honnête;
Ce grand honneur ne me vaut rien.
Ne sois pas si femme de bien,
Et me romps un peu moins la tête.
CLÉANTHIS. Comment! de trop bien vivre on te voit me blâmer!
MERCURE. La douceur d'une femme est tout ce qui me charme;
Et ta vertu fait un vacarme
Qui ne cesse de m'assommer.
CLÉANTHIS. Il te faudrait des cœurs pleins de fausses tendresses,
De ces femmes aux beaux et louables talents,
Qui savent accabler leurs maris de caresses
Pour leur faire avaler l'usage des galants.
MERCURE. Ma foi, veux-tu que je te dise?
Un mal d'opinion ne touche que les sots;
Et je prendrais pour ma devise:
Moins d'honneur, et plus de repos.
CLÉANTHIS. Comment! tu souffrirais, sans nulle répugnance,
Que j'aimasse un galant avec toute licence?
MERCURE. Oui, si je n'étais plus de tes cris rebattu,
Et qu'on te vît changer d'humeur et de méthode,
J'aime mieux un vice commode
Qu'une fatigante vertu.
Adieu, Cléanthis, ma chère âme,
Il me faut suivre Amphitryon.
CLÉANTHIS *seule*. Pourquoi, pour punir cet infâme,
Mon cœur n'a-t-il assez de résolution?
Ah! que, dans cette occasion,
J'enrage d'être honnête femme!

ACTE DEUXIÈME.

SCÈNE I.

AMPHITRYON, SOSIE.

AMPHITRYON. Viens çà, bourreau, viens çà. Sais-tu, maître fripon,
Qu'à te faire assommer ton discours peut suffire,
Et que pour te traiter comme je le désire
Mon courroux n'attend qu'un bâton?
SOSIE. Si vous le prenez sur ce ton,
Monsieur, je n'ai plus rien à dire
Et vous aurez toujours raison.
AMPHITRYON. Quoi! tu veux me donner pour des vérités, traître,
Des contes que je vois d'extravagance outrés?
SOSIE. Non: je suis le valet, et vous êtes le maître;
Il n'en sera, monsieur, que ce que vous voudrez.
AMPHITRYON. Çà, je veux étouffer le courroux qui m'enflamme
Et tout du long t'ouïr sur ta commission.
Il faut, avant que voir ma femme,
Que je débrouille ici cette confusion.
Rappelle tous tes sens, rentre bien dans ton âme,
Et réponds mot pour mot à chaque question.
SOSIE. Mais de peur d'incongruité,
Dites-moi, de grâce, à l'avance,
De quel air il vous plaît que ceci soit traité.
Parlerai-je, monsieur, selon ma conscience,
Ou comme auprès des grands on le voit usité?
Faut-il dire la vérité,
Ou bien user de complaisance?
AMPHITRYON. Non; je ne te veux obliger
Qu'à me rendre de tout un compte fort sincère.
SOSIE. Bon. C'est assez, laissez-moi faire;
Vous n'avez qu'à m'interroger.
AMPHITRYON. Sur l'ordre que tantôt je t'avais su prescrire...
SOSIE. Je suis parti, les cieux d'un noir crêpe voilés,
Pestant fort contre vous dans ce fâcheux martyre,
Et maudissant vingt fois l'ordre dont vous parlez.
AMPHITRYON. Comment, coquin!
SOSIE. Monsieur, vous n'avez rien qu'à dire;
Je mentirai si vous voulez.
AMPHITRYON. Voilà comme un valet montre pour nous du zèle!
Passons. Sur les chemins que t'est-il arrivé?
SOSIE. D'avoir une frayeur mortelle
Au moindre objet que j'ai trouvé.
AMPHITRYON. Poltron!
SOSIE. En nous formant, nature a ses caprices;
Divers penchants en nous elle fait observer:
Les uns à s'exposer trouvent mille délices;
Moi, j'en trouve à me conserver.
AMPHITRYON. Arrivant au logis...?
SOSIE. J'ai, devant notre porte,
En moi-même voulu répéter un petit
Sur quel ton et de quelle sorte
Je ferais du combat le glorieux récit.
AMPHITRYON. Ensuite?
SOSIE. On m'est venu troubler et mettre en peine.
AMPHITRYON. Et qui?
SOSIE. Sosie; un moi, de vos ordres jaloux,
Que vous avez du port envoyé vers Alcmène,
Et qui de nos secrets a connaissance pleine,
Comme le moi qui parle à vous.
AMPHITRYON. Quels contes!
SOSIE. Non, monsieur, c'est la vérité pure,
Ce moi plutôt que moi s'est au logis trouvé:
Et j'étais venu, je vous jure,
Avant que je fusse arrivé.
AMPHITRYON. D'où peut procéder, je te prie,
Ce galimatias maudit?
Est-ce songe? est-ce ivrognerie,
Aliénation d'esprit,
Ou méchante plaisanterie?
SOSIE. Non; c'est la chose comme elle est,
Et point du tout conte frivole.
Je suis homme d'honneur, j'en donne ma parole,
Et vous m'en croirez, s'il vous plaît.
Je vous dis que, croyant n'être qu'un seul Sosie,
Je me suis trouvé deux chez nous;
Et que, de ces deux moi piqués de jalousie,
L'un est à la maison, et l'autre est avec vous;
Que le moi que voici, chargé de lassitude,
A trouvé l'autre moi frais, gaillard et dispos,
Et n'ayant d'autre inquiétude
Que de battre et casser des os...
AMPHITRYON. Il faut être, je le confesse,
D'un esprit bien posé, bien tranquille, bien doux,
Pour souffrir qu'un valet de chansons me repaisse!
SOSIE. Si vous vous mettez en courroux,
Plus de conférence entre nous;
Vous savez que d'abord tout cesse.
AMPHITRYON. Non; sans emportement je te veux écouter,
Je l'ai promis. Mais dis, en bonne conscience,
Au mystère nouveau que tu me viens conter
Est-il quelque ombre d'apparence?
SOSIE. Non; vous avez raison, et la chose à chacun
Hors de créance doit paraître.
C'est un fait à n'y rien connaître,
Un conte extravagant, ridicule, importun:
Cela choque le sens commun;
Mais cela ne laisse pas d'être.
AMPHITRYON. Le moyen d'en rien croire, à moins qu'être insensé!
SOSIE. Je ne l'ai pas cru, moi, sans une peine extrême.
Je me suis d'être deux senti l'esprit blessé;
Et longtemps d'imposteur j'ai traité ce moi-même:
Mais à me reconnaître enfin il m'a forcé;
J'ai vu que c'était moi, sans aucun stratagème;
Des pieds jusqu'à la tête il est comme moi fait,
Beau, l'air noble, bien pris, les manières charmantes;
Enfin deux gouttes de lait
Ne sont pas plus ressemblantes;
Et n'était que ses mains sont un peu trop pesantes,
J'en serais fort satisfait.
AMPHITRYON. A quelle patience il faut que je m'exhorte!
Mais enfin n'es-tu pas entré dans la maison?
SOSIE. Bon, entré! Hé! de quelle sorte?
Ai-je voulu jamais entendre de raison?
Et ne me suis-je pas interdit notre porte?
AMPHITRYON. Comment donc?
SOSIE. Avec un bâton,
Dont mon dos sent encore une douleur très-forte...
AMPHITRYON. On t'a battu?
SOSIE. Vraiment.
AMPHITRYON. Eh qui?
SOSIE. Moi.

AMPHITRYON. Toi, te battre?
SOSIE. Oui, moi; non pas le moi d'ici,
Mais le moi du logis, qui frappe comme quatre.
AMPHITRYON. Te confonde le ciel de me parler ainsi!
SOSIE. Ce ne sont point des badinages.
Le moi que j'ai trouvé tantôt
Sur le moi qui vous parle a de grands avantages,
Il a le bras fort, le cœur haut :
J'en ai reçu des témoignages;
Et ce diable de moi m'a rossé comme il faut,
C'est un drôle qui fait des rages.
AMPHITRYON. Achevons. As-tu vu ma femme?
SOSIE. Non.
AMPHITRYON. Pourquoi?
SOSIE. Par une raison assez forte.
AMPHITRYON. Qui t'a fait y manquer, maraud? Explique-toi.

ACTE I, SCÈNE I.
SOSIE. Et cette lanterne est Alcmène,
A qui je me dois adresser.

SOSIE. Faut-il le répéter vingt fois de même sorte?
Moi, vous dis-je; ce moi plus robuste que moi;
Ce moi qui s'est de force emparé de la porte;
Ce moi qui m'a fait filer doux;
Ce moi qui le seul moi veut être;
Ce moi de moi-même jaloux;
Ce moi vaillant dont le courroux
Au moi poltron s'est fait connaître;
Enfin ce moi qui suis chez nous;
Ce moi qui s'est montré mon maître,
Ce moi qui m'a roué de coups.
AMPHITRYON. Il faut que ce matin, à force de trop boire,
Il se soit troublé le cerveau.
SOSIE. Je veux être pendu si j'ai bu que de l'eau!
A mon serment on m'en peut croire.
AMPHITRYON. Il faut donc qu'au sommeil tes sens se soient portés,
Et qu'un songe fâcheux, dans ces confus mystères,
T'ait fait voir toutes les chimères
Dont tu me fais des vérités.
SOSIE. Tout aussi peu. Je n'ai point sommeillé,
Et n'en ai même aucune envie.
Je vous parle bien éveillé :
J'étais bien éveillé ce matin, sur ma vie;
Et bien éveillé même était l'autre Sosie
Quand il m'a si bien étrillé.
AMPHITRYON. Suis-moi, je t'impose silence.
C'est trop me fatiguer l'esprit;
Et je suis un vrai fou d'avoir la patience
D'écouter d'un valet les sottises qu'il dit.

SOSIE *à part*. Tous les discours sont des sottises,
Partant d'un homme sans éclat :
Ce seraient paroles exquises
Si c'était un grand qui parlât.
AMPHITRYON. Entrons sans davantage attendre.
Mais Alcmène paraît avec tous ses appas;
En ce moment, sans doute, elle ne m'attend pas,
Et mon abord la va surprendre.

SCÈNE II.

ALCMÈNE, AMPHITRYON, CLÉANTHIS, SOSIE.

ALCMÈNE *sans voir Amphitryon.*
Allons pour mon époux, Cléanthis, vers les dieux
Nous acquitter de nos hommages,
Et les remercier des succès glorieux
Dont Thèbes par son bras goûte les avantages.
(Apercevant Amphitryon.)
O dieux!
AMPHITRYON. Fasse le ciel qu'Amphitryon vainqueur
Avec plaisir soit revu de sa femme,
Et que ce jour favorable à ma flamme,
Vous redonne à mes yeux avec le même cœur,
Que j'y retrouve autant d'ardeur
Que vous en rapporte mon âme!
ALCMÈNE. Quoi! de retour sitôt!
AMPHITRYON. Certes, c'est en ce jour
Me donner de vos feux un mauvais témoignage;
Et ce *Quoi! sitôt de retour!*
En ces occasions n'est guère le langage
D'un cœur bien enflammé d'amour.
J'osais me flatter en moi-même
Que loin de vous j'aurais trop demeuré.
L'attente d'un retour ardemment désiré
Donne à tous les instants une longueur extrême;
Et l'absence de ce qu'on aime,
Quelque peu qu'elle dure, a toujours trop duré.
ALCMÈNE. Je ne vois...
AMPHITRYON. Non, Alcmène, à son impatience
On mesure le temps en de pareils états;
Et vous comptez les moments de l'absence
En personne qui n'aime pas.
Lorsque l'on aime comme il faut,
Le moindre éloignement nous tue;
Et ce dont on chérit la vue
Ne revient jamais assez tôt.
De votre accueil, je le confesse,
Se plaint ici mon amoureuse ardeur;
Et j'attendais de votre cœur
D'autres transports de joie et de tendresse.
ALCMÈNE. J'ai peine à comprendre sur quoi
Vous fondez les discours que je vous entends faire;
Et, si vous vous plaignez de moi,
Je ne sais pas, de bonne foi,
Ce qu'il faut pour vous satisfaire.
Hier au soir, ce me semble, à votre heureux retour,
On me vit témoigner une joie assez tendre;
Et rendre aux soins de votre amour
Tout ce que de mon cœur vous aviez lieu d'attendre.
AMPHITRYON. Comment?
ALCMÈNE. Ne fis-je pas éclater à vos yeux
Les soudains mouvements d'une entière allégresse?
Et le transport d'un cœur peut-il s'expliquer mieux
Au retour d'un époux qu'on aime avec tendresse?
AMPHITRYON. Que me dites-vous là?
ALCMÈNE. Que même votre amour
Montra de mon accueil une joie incroyable;
Et que, m'ayant quittée à la pointe du jour,
Je ne vois pas qu'à ce soudain retour
Ma surprise soit si coupable.
AMPHITRYON. Est-ce que du retour que j'ai précipité
Un songe, cette nuit, Alcmène, dans votre âme
A prévenu la vérité;
Et que, m'ayant peut-être en dormant bien traité,
Votre cœur se croit vers ma flamme
Assez amplement acquitté?
ALCMÈNE. Est-ce qu'une vapeur par sa malignité,
Amphitryon, a dans votre âme
Du retour d'hier au soir brouillé la vérité,
Et que du doux accueil duquel je m'acquittai
Votre cœur prétend à ma flamme
Ravir toute l'honnêteté?
AMPHITRYON. Cette vapeur, dont vous me régalez,
Est un peu, ce me semble, étrange.
ALCMÈNE. C'est ce qu'on peut donner pour change
Au songe dont vous me parlez.

MPHITRYON. A moins d'un songe, on ne peut pas, sans doute,
Excuser ce qu'ici votre bouche me dit.
CMÈNE. A moins d'une vapeur qui vous trouble l'esprit,
On ne peut pas sauver ce que de vous j'écoute.
MPHITRYON. Laissons un peu cette vapeur, Alcmène.
CMÈNE. Laissons un peu ce songe, Amphitryon.
PHITRYON. Sur le sujet dont il est question,
Il n'est guère de jeu que trop loin on ne mène.
LCMÈNE. Sans doute; et, pour marque certaine,
Je commence à sentir un peu d'émotion.
MPHITRYON. Est-ce donc que par là vous voulez essayer
A réparer l'accueil dont je vous ai fait plainte?

ACTE I, SCÈNE II.

MERCURE. Je coupai bravement deux tranches succulentes,
Dont je sus fort bien me bourrer.

CMÈNE. Est-ce donc que par cette feinte
Vous désirez vous égayer?
MPHITRYON. Ah! de grâce, cessons, Alcmène, je vous prie,
Et parlons sérieusement.
LCMÈNE. Amphitryon, c'est trop pousser l'amusement;
Finissons cette raillerie.
MPHITRYON. Quoi! vous osez me soutenir en face
Que plus tôt qu'à cette heure on m'ait ici pu voir?
LCMÈNE. Quoi! vous voulez nier avec audace
Que dès hier en ces lieux vous vîntes sur le soir?
MPHITRYON. Moi, je vins hier?
LCMÈNE. Sans doute; et dès devant l'aurore
Vous vous en êtes retourné.
MPHITRYON *à part*. Ciel! un pareil débat s'est-il pu voir encore?
Et qui de tout ceci ne serait étonné?
Sosie?
OSIE. Elle a besoin de six grains d'ellébore,
Monsieur; son esprit est tourné.
MPHITRYON. Alcmène, au nom de tous les dieux,
Ce discours a d'étranges suites!
Reprenez vos sens un peu mieux,
Et pensez à ce que vous dites.
CMÈNE. J'y pense mûrement aussi;
Et tous ceux du logis ont vu votre arrivée;
J'ignore quel motif vous fait agir ainsi;
Mais si la chose avait besoin d'être prouvée,
S'il était vrai qu'on pût ne s'en souvenir pas,
De qui puis-je tenir que de vous la nouvelle
Du dernier de tous vos combats,
Et les cinq diamants que portait Ptérélas,
Qu'a fait dans la nuit éternelle
Tomber l'effort de votre bras?
En pourrait-on vouloir un plus sûr témoignage?

AMPHITRYON. Quoi! je vous ai déjà donné
Le nœud de diamants que j'eus pour mon partage,
Et que je vous ai destiné?
ALCMÈNE. Assurément. Il n'est pas difficile
De vous en bien convaincre.
AMPHITRYON. Et comment?
ALCMÈNE *montrant le nœud de diamants à sa ceinture*. Le voici.
AMPHITRYON. Sosie!
SOSIE *tirant de sa poche un coffret*. Elle se moque et je le tiens ici,
Monsieur; la feinte est inutile.
AMPHITRYON *regardant le coffret*. Le cachet est entier.
ALCMÈNE *présentant à Amphitryon le nœud de diamants*. Est-ce une vision?
Tenez. Trouverez-vous cette preuve assez forte?
AMPHITRYON. Ah! ciel! ô juste ciel!
ALCMÈNE. Allez, Amphitryon,
Vous vous moquez d'en user de la sorte,
Et vous en devriez avoir confusion.
AMPHITRYON. Romps vite ce cachet.
SOSIE *ayant ouvert le coffret*. Ma foi, la place est vide.
Il faut que, par magie, on ait su le tirer,
Ou bien que de lui-même il soit venu sans guide
Vers celle qu'il a su qu'on en voulait parer.
AMPHITRYON *à part*. O dieux, dont le pouvoir sur les choses préside,
Quelle est cette aventure, et qu'en puis-je augurer
Dont mon amour ne s'intimide?
SOSIE *à Amphitryon*. Si sa bouche dit vrai, nous avons même sort
Et de même que moi, monsieur, vous êtes double.
AMPHITRYON. Tais-toi.
ALCMÈNE. Sur quoi vous étonner si fort,
Et d'où peut naître ce grand trouble?

ACTE II, SCÈNE II.

ALCMÈNE. Quoi! vous voulez nier avec audace
Que dès hier en ces lieux vous vîntes sur le soir?

AMPHITRYON *à part*. O ciel! quel étrange embarras!
Je vois des incidents qui passent la nature;
Et mon honneur redoute une aventure
Que mon esprit ne comprend pas.
ALCMÈNE. Songez-vous, en tenant cette preuve sensible,
A me nier encor votre retour pressé?
AMPHITRYON. Non: mais, à ce retour, daignez, s'il est possible,
Me conter ce qui s'est passé.
ALCMÈNE. Puisque vous demandez un récit de la chose,
Vous voulez dire donc que ce n'était pas vous?
AMPHITRYON. Pardonnez-moi; mais j'ai certaine cause
Qui me fait demander ce récit entre nous.
ALCMÈNE. Les soucis importants qui vous peuvent saisir
Vous ont-ils fait si vite en perdre la mémoire?

AMPHITRYON. Peut-être : mais enfin vous me ferez plaisir
De m'en dire toute l'histoire.
ALCMÈNE. L'histoire n'est pas longue. A vous je m'avançai
Pleine d'une aimable surprise;
Tendrement je vous embrassai,
Et témoignai ma joie à plus d'une reprise.
AMPHITRYON *à part.* Ah! d'un si doux accueil je me serais passé.
ALCMÈNE. Vous me fîtes d'abord ce présent d'importance,
Que du butin conquis vous m'aviez destiné.
Votre cœur avec véhémence
M'étala de ses feux toute la violence,
Et les soins importuns qui l'avaient enchaîné,
L'aise de me revoir, les tourments de l'absence,
Tout le souci que son impatience
Pour le retour s'était donné;
Et jamais votre amour, en pareille occurrence,
Ne me parut si tendre et si passionné.
AMPHITRYON *à part.* Peut-on plus vivement se voir assassiné!
ALCMÈNE. Tous ces transports, toute cette tendresse,
Comme vous croyez bien, ne me déplaisaient pas;
Et, s'il faut que je le confesse,
Mon cœur, Amphitryon, y trouvait mille appas.
AMPHITRYON. Ensuite, s'il vous plaît?
ALCMÈNE. Nous nous entrecoupâmes
De mille questions qui pouvaient nous toucher.
On servit. Tête à tête, ensemble nous soupâmes;
Et, le souper fini, nous nous fûmes coucher.
AMPHITRYON. Ensemble?
ALCMÈNE. Assurément. Quelle est cette demande?
AMPHITRYON *à part.* Ah! c'est ici le coup le plus cruel de tous,
Et dont à s'assurer tremblait mon feu jaloux.
ALCMÈNE. D'où vous vient, à ce mot, une rougeur si grande?
Ai-je fait quelque mal de coucher avec vous?
AMPHITRYON. Non, ce n'était pas moi, pour ma douleur sensible,
Et qui dit qu'hier ici mes pas se sont portés
Dit de toutes les faussetés
La fausseté la plus horrible.
ALCMÈNE. Amphitryon!
AMPHITRYON. Perfide!
ALCMÈNE. Ah! quel emportement!
AMPHITRYON. Non, non, plus de douceur et plus de déférence,
Ce revers vient à bout de toute ma constance;
Et mon cœur ne respire, en ce fatal moment,
Et que fureur et que vengeance.
ALCMÈNE. De qui donc vous venger? et quel manque de foi
Vous fait ici me traiter de coupable?
AMPHITRYON. Je ne sais pas, mais ce n'était pas moi :
Et c'est un désespoir qui de tout rend capable.
ALCMÈNE. Allez, indigne époux, le fait parle de soi,
Et l'imposture est effroyable.
C'est trop me pousser là-dessus,
Et d'infidélité me voir trop condamnée.
Si vous cherchez, dans ces transports confus,
Un prétexte à briser les nœuds d'un hyménée
Qui me tient à vous enchaînée,
Tous ces détours sont superflus;
Et me voilà déterminée
A souffrir qu'en ce jour nos liens soient rompus.
AMPHITRYON. Après l'indigne affront que l'on me fait connaître,
C'est bien à quoi, sans doute, il faut vous préparer :
C'est le moins qu'on doit voir; et les choses peut-être
Pourront n'en pas là demeurer.
Le déshonneur est sûr, mon malheur m'est visible,
Et mon amour en vain voudrait me l'obscurcir;
Mais le détail encor ne m'en est pas sensible,
Et mon juste courroux prétend s'en éclaircir.
Votre frère déjà peut hautement répondre
Que jusqu'à ce matin je ne l'ai point quitté;
Je m'en vais le chercher, afin de vous confondre
Sur ce retour qui m'est faussement imputé.
Après, nous percerons jusqu'au fond d'un mystère
Jusques à présent inouï :
Et, dans les mouvements d'une juste colère,
Malheur à qui m'aura trahi!
SOSIE. Monsieur...
AMPHITRYON. Ne m'accompagne pas,
Et demeure ici pour m'attendre.
CLÉANTHIS *à Alcmène.* Faut-il...
ALCMÈNE. Je ne puis rien entendre :
Laisse-moi seule, et ne suis point mes pas.

SCÈNE III.

CLÉANTHIS, SOSIE.

CLÉANTHIS *à part.* Il faut que quelque chose ait brouillé sa cervelle.
Mais le frère, sur-le-champ,
Finira cette querelle.
SOSIE *à part.* C'est ici pour mon maître un coup assez touchant;
Et son aventure est cruelle.
Je crains fort pour mon fait quelque chose approchant
Et je m'en veux, tout doux, éclaircir avec elle.
CLÉANTHIS *à part.* Voyez s'il me viendra seulement aborder!
Mais je veux m'empêcher de rien faire paraître.
SOSIE *à part.* La chose quelquefois est fâcheuse à connaître,
Et je tremble à la demander.
Ne vaudrait-il pas mieux, pour ne rien hasarder,
Ignorer ce qu'il en peut être?
Allons, tout coup vaille, il faut voir,
Et je ne m'en saurais défendre.
La faiblesse humaine est d'avoir
Des curiosités d'apprendre
Ce qu'on ne voudrait pas savoir.
Dieu te gard', Cléanthis!
CLÉANTHIS. Ah! ah! tu t'en avises,
Traître, de t'approcher de nous!
SOSIE. Mon Dieu! qu'as-tu? Toujours on te voit en courroux,
Et sur rien tu te formalises!
CLÉANTHIS. Qu'appelles-tu sur rien? dis.
SOSIE. J'appelle sur rien
Ce qui sur rien s'appelle en vers ainsi qu'en prose;
Et rien, comme tu le sais bien,
Veut dire rien ou peu de chose.
CLÉANTHIS. Je ne sais qui me tient, infâme,
Que je ne t'arrache les yeux,
Et ne t'apprenne où va le courroux d'une femme.
SOSIE. Holà! D'où te vient donc ce transport furieux?
CLÉANTHIS. Tu n'appelles donc rien le procédé peut-être
Qu'avec moi ton cœur a tenu?
SOSIE. Et quel?
CLÉANTHIS. Quoi! tu fais l'ingénu!
Est-ce qu'à l'exemple du maître
Tu veux dire qu'ici tu n'es pas revenu?
SOSIE. Non, je sais fort bien le contraire;
Mais, je ne t'en fais pas le fin,
Nous avions bu de je ne sais quel vin
Qui m'a fait oublier tout ce que j'ai pu faire.
CLÉANTHIS. Tu crois peut-être excuser par ce trait...
SOSIE. Non, tout de bon, tu m'en peux croire.
J'étais dans un état où je puis avoir fait
Des choses dont j'aurais regret,
Et dont je n'ai nulle mémoire.
CLÉANTHIS. Tu ne te souviens point du tout de la manière
Dont tu m'as su traiter étant venu du port?
SOSIE. Non plus que rien : tu peux m'en faire le rapport;
Je suis équitable et sincère,
Et me condamnerai moi-même si j'ai tort.
CLÉANTHIS. Comment! Amphitryon m'ayant su disposer,
Jusqu'à ce que tu vins j'avais poussé ma veille;
Mais je ne vis jamais une froideur pareille :
De ta femme il fallut moi-même t'aviser;
Et, lorsque je fus te baiser,
Tu détournas le nez et me donnas l'oreille.
SOSIE. Bon!
CLÉANTHIS. Comment, bon?
SOSIE. Mon Dieu! tu ne sais pas pourq
Cléanthis, je tiens ce langage :
J'avais mangé de l'ail, et fis en homme sage
De détourner un peu mon haleine de toi.
CLÉANTHIS. Je te sus exprimer des tendresses de cœur :
Mais à tous mes discours tu fus comme une souche;
Et jamais un mot de douceur
Ne te put sortir de la bouche.
SOSIE *à part.* Courage!
CLÉANTHIS. Enfin, ma flamme eut beau s'émanciper
Sa chaste ardeur en toi ne trouva rien que glace;
Et, dans un tel retour, je te vis la tromper
Jusqu'à faire refus de prendre au lit la place
Que les lois de l'hymen t'obligent d'occuper.
SOSIE. Quoi! je ne couchai point!
CLÉANTHIS. Non, lâche.
SOSIE. Est-il possible?
CLÉANTHIS. Traître! il n'est que trop assuré.
C'est de tous les affronts l'affront le plus sensible;
Et, loin que ce matin ton cœur l'ait réparé,
Tu t'es d'avec moi séparé
Par des discours chargés d'un mépris tout visible.
SOSIE *à part.* Vivat, Sosie!
CLÉANTHIS. Hé quoi! ma plainte a cet effet!
Tu ris après ce bel ouvrage!
SOSIE. Que je suis de moi satisfait!
CLÉANTHIS. Exprime-t-on ainsi le regret d'un outrage?

SOSIE. Je n'aurais jamais cru que j'eusse été si sage.
CLÉANTHIS. Loin de te condamner d'un si perfide trait,
Tu m'en fais éclater la joie en ton visage?
SOSIE. Mon Dieu! tout doucement! Si je parais joyeux,
Crois que j'en ai dans l'âme une raison très-forte,
Et que, sans y penser, je ne fis jamais mieux
Que d'en user tantôt avec toi de la sorte.
CLÉANTHIS. Traître, te moques-tu de moi?
SOSIE. Non, je te parle avec franchise.
En l'état où j'étais, j'avais certain effroi
Dont, avec ton discours, mon âme s'est remise.
Je m'appréhendais fort, et craignais qu'avec toi
Je n'eusse fait quelque sottise.
CLÉANTHIS. Quelle est cette frayeur? et sachons donc pourquoi.
SOSIE. Les médecins disent, quand on est ivre,
Que de sa femme on se doit abstenir;
Et que, dans cet état, il ne peut provenir
Que des enfants pesants et qui ne sauraient vivre.
Vois, si mon cœur n'eût su de froideur se munir,
Quels inconvénients auraient pu s'en ensuivre!
CLÉANTHIS. Je me moque des médecins
Avec leurs raisonnements fades :
Qu'ils règlent ceux qui sont malades,
Sans vouloir gouverner les gens qui sont bien sains.
Ils se mêlent de trop d'affaires,
De prétendre tenir nos chastes feux gênés;
Et sur les jours caniculaires
Ils nous donnent encore, avec leurs lois sévères,
De cent sots contes par le nez.
SOSIE. Tout doux.
CLÉANTHIS. Non, je soutiens que cela conclut mal;
Ces raisons sont raisons d'extravagantes têtes.
Il n'est ni vin, ni temps, qui puisse être fatal
A remplir le devoir de l'amour conjugal;
Et les médecins sont des bêtes.
SOSIE. Contre eux, je t'en supplie, apaise ton courroux;
Ce sont d'honnêtes gens, quoi que le monde en dise.
CLÉANTHIS. Tu n'es pas où tu crois; en vain tu files doux :
Ton excuse n'est point une excuse de mise;
Et je me veux venger tôt ou tard, entre nous,
De l'air dont chaque jour je vois qu'on me méprise.
Des discours de tantôt je garde tous les coups,
Et tâcherai d'user, lâche et perfide époux,
De cette liberté que ton cœur m'a permise.
SOSIE. Quoi?
CLÉANTHIS. Tu m'as dit tantôt que tu consentais fort,
Lâche, que j'en aimasse un autre.
SOSIE. Ah! pour cet article j'ai tort.
Je m'en dédis, il y va trop du nôtre.
Garde-toi bien de suivre ce transport.
CLÉANTHIS. Si je puis une fois pourtant
Sur mon esprit gagner la chose...
SOSIE. Fais à ce discours quelque pause.
Amphitryon revient, qui me paraît content.

SCÈNE IV.

JUPITER, CLÉANTHIS, SOSIE.

JUPITER *à part.* Je viens prendre le temps de rapaiser Alcmène,
De bannir les chagrins que son cœur veut garder;
Et donner à mes feux, dans ce soin qui m'amène,
Le doux plaisir de se raccommoder.
(A Cléanthis.)
Alcmène est là-haut, n'est-ce pas?
CLÉANTHIS. Oui, pleine d'une inquiétude
Qui cherche de la solitude,
Et qui m'a défendu d'accompagner ses pas.
JUPITER. Quelque défense qu'elle ait faite,
Elle ne sera pas pour moi.

SCÈNE V.

CLÉANTHIS, SOSIE.

CLÉANTHIS. Son chagrin, à ce que je voi,
A fait une prompte retraite.
SOSIE. Que dis-tu, Cléanthis, de ce joyeux maintien,
Après son fracas effroyable?
CLEANTHIS. Que, si toutes nous faisions bien,
Nous donnerions tous les hommes au diable,
Et que le meilleur n'en vaut rien.
SOSIE. Cela se dit dans le courroux :
Mais aux hommes par trop vous êtes accrochées;
Et vous seriez, ma foi, toutes bien empêchées
Si le diable les prenait tous.
CLÉANTHIS. Vraiment...
SOSIE. Les voici. Taisons-nous.

SCÈNE VI.

JUPITER, ALCMÈNE, CLÉANTHIS, SOSIE.

JUPITER. Voulez-vous me désespérer?
Hélas! arrêtez, belle Alcmène.
ALCMÈNE. Non, avec l'auteur de ma peine
Je ne puis du tout demeurer.
JUPITER. De grâce!...
ALCMÈNE. Laissez-moi.
JUPITER. Quoi!...
ALCMÈNE. Laissez-moi, vous dis-je.
JUPITER *bas à part.* Ses pleurs touchent mon âme et sa douleur m'afflige.
(Haut.)
Souffrez que mon cœur...
ALCMÈNE. Non, ne suivez point mes pas.
JUPITER. Où voulez-vous aller?
ALCMÈNE. Où vous ne serez pas.
JUITER. Ce vous est une attente vaine.
Je tiens à vos beautés par un nœud trop serré
Pour pouvoir un moment en être séparé.
Je vous suivrai partout, Alcmène.
ALCMÈNE. Et moi, partout je vous fuirai.
JUPITER. Je suis donc bien épouvantable!
ALCMÈNE. Plus qu'on ne peut dire, à mes yeux.
Oui, je vous vois comme un monstre effroyable,
Un monstre cruel, furieux,
Et dont l'approche est redoutable;
Comme un monstre à fuir en tous lieux.
Mon cœur souffre, à vous voir, une peine incroyable :
C'est un supplice qui m'accable;
Et je ne vois rien sous les cieux
D'affreux, d'horrible, d'odieux,
Qui ne me fût plus que vous supportable.
JUPITER. En voilà bien, hélas! que votre bouche dit.
ALCMÈNE. J'en ai dans le cœur davantage;
Et, pour l'exprimer tout, ce cœur a du dépit
De ne point trouver de langage.
JUPITER. Hé! que vous a donc fait ma flamme,
Pour me pouvoir, Alcmène, en monstre regarder?
ALCMÈNE. Ah! juste ciel! cela se peut-il demander?
Et n'est-ce pas pour mettre à bout une âme?
JUPITER. Ah! d'un esprit plus adouci...
ALCMÈNE. Non, je ne veux du tout vous voir ni vous entendre.
JUPITER. Avez-vous bien le cœur de me traiter ainsi!
Est-ce là cet amour si tendre
Qui devait tant durer quand je vins hier ici?
ALCMÈNE. Non, non, ce ne l'est pas, et vos lâches injures
En ont autrement ordonné.
Il n'est plus, cet amour tendre et passionné;
Vous l'avez dans mon cœur par cent vives blessures
Cruellement assassiné :
C'est en sa place un courroux inflexible,
Un vif ressentiment, un dépit invincible,
Un désespoir d'un cœur justement animé,
Qui prétend vous haïr, pour cet affront sensible,
Autant qu'il est d'accord de vous avoir aimé;
Et c'est haïr autant qu'il est possible.
JUPITER. Hélas! que votre amour n'avait guère de force,
Si de si peu de chose on le peut voir mourir!
Ce qui n'était que jeu doit-il faire un divorce?
Et d'une raillerie a-t-on lieu de s'aigrir?
ALCMÈNE. Ah! c'est cela dont je suis offensée,
Et que ne peut pardonner mon courroux :
Des véritables traits d'un mouvement jaloux
Je me trouverais moins blessée.
La jalousie a des impressions
Dont bien souvent la force nous entraîne;
Et l'âme la plus sage, en ces occasions,
Sans doute avec assez de peine
Répond de ses émotions.
L'emportement d'un cœur qui peut s'être abusé
A de quoi ramener une âme qu'il offense;
Et, dans l'amour qui lui donne naissance,
Il trouve au moins, malgré toute sa violence,
Des raisons pour être excusé.
De semblables transports contre un ressentiment
Pour défense toujours ont ce qui les fait naître;
Et l'on donne grâce aisément
A ce dont on n'est pas le maître.
Mais que, de gaieté de cœur,
On passe aux mouvements d'une fureur extrême;
Que, sans cause, l'on vienne, avec tant de rigueur,
Blesser la tendresse et l'honneur
D'un cœur qui chèrement nous aime :
Ah! c'est un coup trop cruel en lui-même,

Et que jamais n'oubliera ma douleur.

JUPITER. Oui, vous avez raison, Alcmène, il se faut rendre.
Cette action, sans doute, est un crime odieux;
Je ne prétends plus la défendre :
Mais souffrez que mon cœur s'en défende à vos yeux,
Et donne au vôtre à qui se prendre
De ce transport injurieux.
A vous en faire un aveu véritable,
L'époux, Alcmène, a commis tout le mal;
C'est l'époux qu'il vous faut regarder en coupable :
L'amant n'a point de part à ce transport brutal,
Et de vous offenser son cœur n'est point capable.
Il a pour vous, ce cœur, pour jamais y penser,
Trop de respect et de tendresse;
Et, si de faire rien à vous pouvoir blesser
Il avait eu la coupable faiblesse,
De cent coups à vos yeux il voudrait le percer.
Mais l'époux est sorti de ce respect soumis
Où pour vous l'on doit toujours être;
A son dur procédé l'époux s'est fait connaître,
Et par le droit d'hymen il s'est cru tout permis.
Oui, c'est lui qui, sans doute, est criminel vers vous,
Lui seul a maltraité votre aimable personne;
Haïssez, détestez l'époux,
J'y consens, et vous l'abandonne :
Mais, Alcmène, sauvez l'amant de ce courroux
Qu'une telle offense vous donne;
N'en jetez pas sur lui l'effet;
Démêlez-le un peu du coupable;
Et, pour être enfin équitable,
Ne le punissez point de ce qu'il n'a pas fait.

ALCMÈNE. Ah! toutes ces subtilités
N'ont que des excuses frivoles;
Et, pour les esprits irrités,
Ce sont des contre-temps que de telles paroles.
Ce détour ridicule est en vain pris par vous.
Je ne distingue rien en celui qui m'offense;
Tout y devient l'objet de mon courroux;
Et, dans sa juste violence,
Sont confondus et l'amant et l'époux,
Tous deux de même sorte occupent ma pensée;
Et des mêmes couleurs par mon âme blessée
Tous deux ils sont peints à mes yeux :
Tous deux sont criminels, tous deux m'ont offensée,
Et tous deux me sont odieux.

JUPITER. Hé bien! puisque vous le voulez,
Il faut donc me charger du crime.
Oui, vous avez raison lorsque vous m'immolez
A vos ressentiments en coupable victime.
Un trop juste dépit contre moi vous anime;
Et tout ce grand courroux qu'ici vous étalez
Ne me fait endurer qu'un tourment légitime.
C'est avec droit que mon abord vous chasse,
Et que de me fuir en tous lieux
Votre colère me menace.
Je dois vous être un objet odieux;
Vous devez me vouloir un mal prodigieux.
Il n'est aucune horreur que mon forfait ne passe,
D'avoir offensé vos beaux yeux;
C'est un crime à blesser les hommes et les dieux,
Et je mérite enfin, pour punir cette audace,
Que contre moi votre haine ramasse
Tous ses traits les plus furieux.
Mais mon cœur vous demande grâce :
Pour vous la demander je me jette à genoux,
Et la demande au nom de la plus vive flamme;
Du plus tendre amour dont une âme
Puisse jamais brûler pour vous.
Si votre cœur, charmante Alcmène,
Me refuse la grâce où j'ose recourir,
Il faut qu'une atteinte soudaine
M'arrache, en me faisant mourir,
Aux dures rigueurs d'une peine
Que je ne saurais plus souffrir.
Oui, cet état me désespère.
Alcmène, ne présumez pas
Qu'aimant, comme je fais, vos célestes appas,
Je puisse vivre un jour avec votre colère.
Déjà de ces moments la barbare longueur
Fait sous des atteintes mortelles
Succomber tout mon triste cœur;
Et de mille vautours les blessures cruelles
N'ont rien de comparable à ma vive douleur.
Alcmène, vous n'avez qu'à me le déclarer :
S'il n'est point de pardon que je doive espérer,
Cette épée aussitôt, par un coup favorable,
Va percer à vos yeux le cœur d'un misérable;
Ce cœur, ce traître cœur, trop digne d'expirer,
Puisqu'il a pu fâcher un objet adorable :
Heureux, en descendant au ténébreux séjour,
Si de votre courroux mon trépas vous ramène,
Et ne laisse en votre âme, après ce triste jour,
Aucune impression de haine
Au souvenir de mon amour!
C'est tout ce que j'attends pour faveur souveraine.

ALCMÈNE. Ah! trop cruel époux!

JUPITER. Dites, parlez, Alcmène.

ALCMÈNE. Faut-il encor pour vous conserver des bontés,
Et vous voir m'outrager par tant d'indignités?

JUPITER. Quelque ressentiment qu'un outrage nous cause,
Tient-il contre un remords d'un cœur bien enflammé?

ALCMÈNE. Un cœur bien plein de flamme à mille morts s'expose
Plutôt que de vouloir fâcher l'objet aimé.

JUPITER. Plus on aime quelqu'un, moins on trouve de peine...

ALCMÈNE. Non, ne m'en parlez point; vous méritez ma haine.

JUPITER. Vous me haïssez donc?

ALCMÈNE. J'y fais tout mon effort,
Et j'ai dépit de voir que toute votre offense
Ne puisse de mon cœur jusqu'à cette vengeance
Faire encore aller le transport.

JUPITER. Mais pourquoi cette violence,
Puisque pour vous venger je vous offre ma mort?
Prononcez-en l'arrêt, et j'obéis sur l'heure.

ALCMÈNE. Qui ne saurait haïr peut-il vouloir qu'on meure?

JUPITER. Et moi, je ne puis vivre à moins que vous quittiez
Cette colère qui m'accable,
Et que vous m'accordiez le pardon favorable
Que je vous demande à vos pieds.
(*Sosie et Cléanthis se mettent aussi à genoux.*)
Résolvez ici l'un des deux,
Ou de punir ou bien d'absoudre.

ALCMÈNE. Hélas! ce que je puis résoudre
Paraît bien plus que je ne veux.
Pour vouloir soutenir le courroux qu'on me donne,
Mon cœur a trop su me trahir :
Dire qu'on ne saurait haïr,
N'est-ce pas dire qu'on pardonne?

JUPITER. Ah! belle Alcmène, il faut que, comblé d'allégresse...

ALCMÈNE. Laissez. Je me veux mal de mon trop de faiblesse.

JUPITER. Va, Sosie, et dépêche-toi,
Voir, dans les doux transports dont mon âme est charmée
Ce que tu trouveras d'officiers de l'armée,
Et les invite à dîner avec moi.
(*Bas à part.*)
Tandis que d'ici je le chasse,
Mercure y remplira sa place.

SCÈNE VII.

CLÉANTHIS, SOSIE.

SOSIE. Hé bien! tu vois, Cléanthis, ce ménage.
Veux-tu qu'à leur exemple ici
Nous fassions entre nous un peu de paix aussi,
Quelque petit rapatriage?

CLÉANTHIS. C'est pour ton nez, vraiment! cela se fait ainsi!

SOSIE. Quoi! tu ne veux pas?

CLÉANTHIS. Non.

SOSIE. Il ne m'importe guère.
Tant pis pour toi.

CLÉANTHIS. La, la, revien.

SOSIE. Non, morbleu! je n'en ferai rien,
Et je veux être, à mon tour, en colère.

CLÉANTHIS. Va, va, traître, laisse-moi faire;
On se lasse parfois d'être femme de bien.

ACTE TROISIÈME.

SCÈNE I.

AMPHITRYON.

Oui, sans doute, le sort tout exprès me le cache;
Et des tours que je fais, à la fin, je suis las.
Il n'est point de destin plus cruel, que je sache.
Je ne saurais trouver, portant partout mes pas,
Celui qu'à chercher je m'attache,
Et je trouve tous ceux que je ne cherche pas.
Mille fâcheux cruels, qui ne pensent pas l'être,
De nos faits avec moi, sans beaucoup me connaître,
Viennent se réjouir pour me faire enrager.

Dans l'embarras cruel du souci qui me blesse,
De leurs embrassements et de leur allégresse
Sur mon inquiétude ils viennent tous charger.
En vain à passer je m'apprête
Pour fuir leurs persécutions,
Leur tuante amitié de tous côtés m'arrête;
Et, tandis qu'à l'ardeur de leurs expressions
Je réponds d'un geste de tête,
Je leur donne tout bas cent malédictions.
Ah! qu'on est peu flatté de louange, d'honneur,
Et de tout ce que donne une grande victoire,
Lorsque dans l'âme on souffre une vive douleur!
Et que l'on donnerait volontiers cette gloire
Pour avoir le repos du cœur!
Ma jalousie, à tout propos,
Me promène sur ma disgrâce;
Et plus mon esprit y repasse,
Moins j'en puis débrouiller le funeste chaos.
Le vol des diamants n'est pas ce qui m'étonne;
On lève les cachets, qu'on ne l'aperçoit pas :
Mais le don qu'on veut qu'hier j'en vins faire en personne
Est ce qui fait ici mon cruel embarras.
La nature parfois produit des ressemblances
Dont quelques imposteurs ont pris droit d'abuser :
Mais il est hors de sens que, sous ces apparences,
Un homme pour époux se puisse supposer;
Et dans tous ces rapports sont mille différences
Dont se peut une femme aisément aviser.
Des charmes de la Thessalie
On vante de tout temps les merveilleux effets :
Mais les contes fameux qui partout en sont faits
Dans mon esprit toujours ont passé pour folie;
Et ce serait du sort une étrange rigueur
Qu'au sortir d'une ample victoire
Je fusse contraint de les croire
Aux dépens de mon propre honneur.
Je veux la retâter sur ce fâcheux mystère,
Et voir si ce n'est point une vaine chimère
Qui sur ses sens troublés ait su prendre crédit.
Ah! fasse le ciel équitable
Que ce penser soit véritable,
Et que, pour mon bonheur, elle ait perdu l'esprit!

SCÈNE II.

MERCURE, AMPHITRYON.

MERCURE *sur le balcon de la maison d'Amphitryon sans être vu ni entendu par Amphitryon.*
Comme l'amour ici ne m'offre aucun plaisir,
Je m'en veux faire au moins qui soient d'autre nature
Et je vais égayer mon sérieux loisir
A mettre Amphitryon hors de toute mesure.
Cela n'est pas d'un dieu bien plein de charité :
Mais aussi n'est-ce pas ce dont je m'inquiète;
Et je me sens par ma planète
A la malice un peu porté.

AMPHITRYON. D'où vient donc qu'à cette heure on ferme cette porte?

MERCURE. Holà! tout doucement. Qui frappe?

AMPHITRYON *sans voir Mercure.* Moi.

MERCURE. Qui, moi?

AMPHITRYON *apercevant Mercure, qu'il prend pour Sosie.*
Ah! ouvre.

MERCURE. Comment, ouvre! Et qui donc es-tu, toi
Qui fais tant de vacarme et parles de la sorte?

AMPHITRYON. Quoi! tu ne me connais pas?

MERCURE. Non,
Et n'en ai pas la moindre envie.

AMPHITRYON *à part.* Tout le monde perd-il aujourd'hui la raison?
Est-ce un mal répandu? Sosie! holà, Sosie!

MERCURE. Hé bien, Sosie! oui, c'est mon nom;
As-tu peur que je ne l'oublie?

AMPHITRYON. Me vois-tu bien?

MERCURE. Fort bien. Qui peut pousser ton bras
A faire une rumeur si grande?
Et que demandes-tu là-bas?

AMPHITRYON. Moi, pendard! ce que je demande?

MERCURE. Que ne demandes-tu donc pas?
Parle, si tu veux qu'on t'entende.

AMPHITRYON. Attends, traître : avec un bâton
Je vais là-haut me faire entendre,
Et de bonne façon t'apprendre
A m'oser parler sur ce ton.

MERCURE. Tout beau! Si pour heurter tu fais la moindre instance,
Je t'enverrai d'ici des messagers fâcheux.

AMPHITRYON. O ciel! vit-on jamais une telle insolence?
La peut-on concevoir d'un serviteur, d'un gueux?

MERCURE. Hé bien! qu'est-ce? M'as-tu tout parcouru par ordre?
M'as-tu de tes gros yeux assez considéré?
Comme il les écarquille et paraît effaré!
Si des regards on pouvait mordre,
Il m'aurait déjà déchiré.

AMPHITRYON. Moi-même je frémis de ce que tu t'apprêtes
Avec ces impudents propos.
Que tu grossis pour toi d'effroyables tempêtes!
Quels orages de coups vont fondre sur ton dos!

MERCURE. L'ami, si de ces lieux tu ne veux disparaître,
Tu pourras y gagner quelque contusion.

AMPHITRYON. Ah! tu sauras, maraud, à ta confusion,
Ce que c'est qu'un valet qui s'attaque à son maître.

MERCURE. Toi, mon maître?

AMPHITRYON. Oui, coquin. M'oses-tu méconnaître?

MERCURE. Je n'en reconnais point d'autre qu'Amphitryon.

AMPHITRYON. Et cet Amphitryon, qui, hors moi, le peut être?

MERCURE. Amphitryon?

AMPHITRYON. Sans doute.

MERCURE. Ah! quelle vision!
Dis-nous un peu quel est le cabaret honnête
Où tu t'es coiffé le cerveau?

AMPHITRYON. Comment! encore?

MERCURE. Etait-ce un vin à faire fête?

AMPHITRYON. Ciel!

MERCURE. Etait-il vieux, ou nouveau?

AMPHITRYON. Que de coups!

MERCURE. Le nouveau donne fort dans la tête,
Quand on le veut boire sans eau.

AMPHITRYON. Ah! je t'arracherai cette langue, sans doute.

MERCURE. Passe, mon pauvre ami, crois-moi,
Que quelqu'un ici ne t'écoute.
Je respecte le vin. Va-t'en, retire-toi;
Et laisse Amphitryon dans les plaisirs qu'il goûte.

AMPHITRYON. Comment! Amphitryon est là-dedans?

MERCURE. Fort bien;
Qui, couvert des lauriers d'une victoire pleine,
Est auprès de la belle Alcmène
A jouir des douceurs d'un aimable entretien.
Après le démêlé d'un amoureux caprice,
Ils goûtent le plaisir de s'être rajustés.
Garde-toi de troubler leurs douces privautés,
Si tu ne veux qu'il ne punisse
L'excès de tes témérités.

SCÈNE III.

AMPHITRYON *seul.*

Ah! quel étrange coup m'a-t-il porté dans l'âme!
En quel trouble cruel jette-t-il mon esprit!
Et si les choses sont comme le traître dit,
Où vois-je ici réduits mon honneur et ma flamme!
A quel parti me doit résoudre ma raison?
Ai-je l'éclat ou le secret à prendre?
Et dois-je, en mon courroux, renfermer ou répandre
Le déshonneur de ma maison?
Ah! faut-il consulter dans un affront si rude?
Je n'ai rien à prétendre, et rien à ménager;
Et toute mon inquiétude
Ne doit aller qu'à me venger.

SCÈNE IV.

AMPHITRYON, SOSIE; NAUCRATÈS ET POLIDAS *dans le fond du théâtre.*

SOSIE *à Amphitryon.* Monsieur, avec mes soins, tout ce que j'ai pu faire,
C'est de vous amener ces messieurs que voici.

AMPHITRYON. Ah! vous voilà!

SOSIE. Monsieur.

AMPHITRYON. Insolent! téméraire!

SOSIE. Quoi?

AMPHITRYON. Je vous apprendrai de me traiter ainsi.

SOSIE. Qu'est-ce donc? qu'avez-vous?

AMPHITRYON *mettant l'épée à la main.* Ce que j'ai, misérable!

SOSIE *à Naucratès et à Polidas.* Holà, messieurs, venez donc tôt.

NAUCRATÈS *à Amphitryon.* Ah! de grâce, arrêtez.

SOSIE. De quoi suis-je coupable?

AMPHITRYON. Tu me le demandes, maraud!
(*A Naucratès.*)
Laissez-moi satisfaire un courroux légitime.

SOSIE. Lorsque l'on pend quelqu'un, on lui dit pourquoi c'est.

NAUCRATÈS *à Amphitryon.*
Daignez nous dire au moins quel peut être son crime.

SOSIE. Messieurs, tenez bon, s'il vous plaît.

AMPHITRYON. Comment! il vient d'avoir l'audace
De me fermer ma porte au nez,

Et de joindre encor la menace
A mille propos effrénés!
(Voulant le frapper.)
Ah! coquin!

SOSIE *tombant à genoux.* Je suis mort.

NAUCRATÈS *à Amphitryon.* Calmez cette colère.

SOSIE. Messieurs.

POLIDAS *à Sosie.* Qu'est-ce?

SOSIE. M'a-t-il frappé?

AMPHITRYON. Non, il faut qu'il ait le salaire
Des mots où tout à l'heure il s'est émancipé.

SOSIE. Comment cela se peut-il faire,
Si j'étais par votre ordre autre part occupé?
Ces messieurs sont ici pour rendre témoignage
Qu'à dîner avec vous je les viens d'inviter.

NAUCRATÈS. Il est vrai qu'il nous vient de faire ce message,
Et n'a point voulu nous quitter.

AMPHITRYON. Qui t'a donné cet ordre?

SOSIE. Vous.

AMPHITRYON. Et quand?

SOSIE. Après votre paix faite,
Au milieu des transports d'une âme satisfaite
D'avoir d'Alcmène apaisé le courroux.
(Sosie se relève.)

AMPHITRYON. O ciel! chaque instant, chaque pas
Ajoute quelque chose à mon cruel martyre;
Et, dans ce fatal embarras,
Je ne sais plus que croire ni que dire.

NAUCRATÈS. Tout ce que de chez vous il vient de nous conter
Surpasse si fort la nature,
Qu'avant que de rien faire et de vous emporter
Vous devez éclaircir toute cette aventure.

AMPHITRYON. Allons; vous y pourrez seconder mon effort,
Et le ciel à propos ici vous a fait rendre.
Voyons quelle fortune en ce jour peut m'attendre;
Débrouillons ce mystère, et sachons notre sort.
Hélas! je brûle de l'apprendre,
Et je le crains plus que la mort.
(Amphitryon frappe à la porte de sa maison.)

SCÈNE V.

JUPITER, AMPHITRYON, NAUCRATÈS, POLIDAS, SOSIE.

JUPITER. Quel bruit à descendre m'oblige?
Et qui frappe en maître où je suis?

AMPHITRYON. Que vois-je? justes dieux!

NAUCRATÈS. Ciel! quel est ce prodige?
Quoi! deux Amphitryons ici nous sont produits!

AMPHITRYON *à part.* Mon âme demeure transie!
Hélas! je n'en puis plus, l'aventure est à bout;
Ma destinée est éclaircie,
Et ce que je vois me dit tout.

NAUCRATÈS. Plus mes regards sur eux s'attachent fortement,
Plus je trouve qu'en tout l'un à l'autre est semblable.

SOSIE *passant du côté de Jupiter.* Messieurs, voici le véritable;
L'autre est un imposteur digne de châtiment.

POLIDAS. Certes, ce rapport admirable
Suspend ici mon jugement.

AMPHITRYON. C'est trop être éludé par un fourbe exécrable,
Il faut avec ce fer rompre l'enchantement.

NAUCRATÈS *à Amphitryon, qui a mis l'épée à la main.*
Arrêtez.

AMPHITRYON. Laissez-moi.

NAUCRATÈS. Dieux! que voulez-vous faire?

AMPHITRYON. Punir d'un imposteur les lâches trahisons.

JUPITER. Tout beau! l'emportement est fort peu nécessaire;
Et lorsque de la sorte on se met en colère,
On fait croire qu'on a de mauvaises raisons.

SOSIE. Oui, c'est un enchanteur qui porte un caractère
Pour ressembler aux maîtres des maisons.

AMPHITRYON *à Sosie.* Je te ferai, pour ton partage,
Sentir par mille coups ces propos outrageants.

SOSIE. Mon maître est homme de courage,
Et ne souffrira point que l'on batte ses gens.

AMPHITRYON. Laissez-moi m'assouvir dans mon courroux extrême,
Et laver mon affront au sang d'un scélérat.

NAUCRATÈS *arrêtant Amphitryon.*
Nous ne souffrirons point cet étrange combat
D'Amphitryon contre lui-même.

AMPHITRYON. Quoi! mon honneur de vous reçoit ce traitement!
Et mes amis d'un fourbe embrassent la défense!
Loin d'être les premiers à prendre ma vengeance,
Eux-mêmes font obstacle à mon ressentiment!

NAUCRATÈS. Que voulez-vous qu'à cette vue
Fassent nos résolutions,
Lorsque par deux Amphitryons
Toute notre chaleur demeure suspendue?
A vous faire éclater notre zèle aujourd'hui,
Nous craignons de faillir et de vous méconnaître.
Nous voyons bien en vous Amphitryon paraître,
Du salut des Thébains le glorieux appui;
Mais nous le voyons tous aussi paraître en lui,
Et ne saurions juger dans lequel il peut être.
Notre parti n'est point douteux,
Et l'imposteur par nous doit mordre la poussière:
Mais ce parfait rapport le cache entre vous deux;
Et c'est un coup trop hasardeux
Pour l'entreprendre sans lumière.
Avec douceur laissez-nous voir
De quel côté peut être l'imposture;
Et, dès que nous aurons démêlé l'aventure,
Il ne nous faudra point dire notre devoir.

JUPITER. Oui, vous avez raison; et cette ressemblance
A douter de tous deux vous peut autoriser.
Je ne m'offense point de vous voir en balance;
Je suis plus raisonnable, et sais vous excuser.
L'œil ne peut entre nous faire de différence,
Et je vois qu'aisément on s'y peut abuser.
Vous ne me voyez point témoigner de colère,
Point mettre l'épée à la main;
C'est un mauvais moyen d'éclaircir ce mystère,
Et j'en puis trouver un plus doux et plus certain.
L'un de nous est Amphitryon;
Et tous deux à vos yeux nous le pouvons paraître.
C'est à moi de finir cette confusion;
Et je prétends me faire à tous si bien connaître,
Qu'aux pressantes clartés de ce que je puis être
Lui-même soit d'accord du sang qui m'a fait naître
Et n'ait plus de rien dire aucune occasion.
C'est aux yeux des Thébains que je veux avec vous
De la vérité pure ouvrir la connaissance;
Et la chose sans doute est assez d'importance
Pour affecter la circonstance
De l'éclaircir aux yeux de tous.
Alcmène attend de moi ce public témoignage;
Sa vertu, que l'éclat de ce désordre outrage,
Veut qu'on la justifie, et j'en vais prendre soin.
C'est à quoi mon amour envers elle m'engage;
Et des plus nobles chefs je fais un assemblage
Pour l'éclaircissement dont sa gloire a besoin.
Attendant avec vous ces témoins souhaités,
Ayez, je vous prie, agréable
De venir honorer la table
Où vous a Sosie invités.

SOSIE. Je ne me trompais pas, messieurs; ce mot termine
Toute l'irrésolution:
Le véritable Amphitryon
Est l'Amphitryon où l'on dîne.

AMPHITRYON. O ciel! puis-je plus bas me voir humilié!
Quoi! faut-il que j'entende ici pour mon martyre
Tout ce que l'imposteur à mes yeux vient de dire,
Et que, dans la fureur que ce discours m'inspire,
On me tienne le bras lié!

NAUCRATÈS *à Amphitryon.*
Vous vous plaignez à tort. Permettez-nous d'attendre
L'éclaircissement qui doit rendre
Les ressentiments de saison.
Je ne sais pas s'il impose,
Mais il parle sur la chose
Comme s'il avait raison.

AMPHITRYON. Allez, faibles amis, et flattez l'imposture:
Thèbes en a pour moi de tout autres que vous;
Et je vais en trouver qui, partageant l'injure,
Sauront prêter la main à mon juste courroux.

JUPITER. Hé bien! je les attends, et saurai décider
Le différend en leur présence.

AMPHITRYON. Fourbe, tu crois par là peut-être t'évader;
Mais rien ne te saurait sauver de ma vengeance.

JUPITER. A ces injurieux propos
Je ne daigne à présent répondre,
Et tantôt je saurai confondre
Cette fureur avec deux mots.

AMPHITRYON. Le ciel même, le ciel ne t'y saurait soustraire;
Et jusques aux enfers j'irai suivre tes pas.

JUPITER. Il ne sera pas nécessaire;
Et l'on verra tantôt que je ne fuirai pas.

AMPHITRYON *à part.* Allons, courons, avant que d'avec eux il sorte
Assembler des amis qui suivent mon courroux;
Et chez moi venons à main-forte
Pour le percer de mille coups.

SCÈNE VI.

JUPITER, NAUCRATÈS, POLIDAS, SOSIE.

PITER. Point de façon, je vous conjure;
Entrons vite dans la maison.
UCRATÈS. Certes, toute cette aventure
Confond le sens et la raison.
SIE. Faites trêve, messieurs, à toutes vos surprises,
Et pleins de joie allez tabler jusqu'à demain.
(Seul.)
Que je vais m'en donner, et me mettre en beau train
De raconter nos vaillantises!
Je brûle d'en venir aux prises,
Et jamais je n'eus tant de faim.

SCÈNE VII.

MERCURE, SOSIE.

ERCURE. Arrête. Quoi! tu viens ici mettre ton nez,
Impudent flaireur de cuisine!
SIE. Ah! de grâce, tout doux!
ERCURE. Ah! vous y retournez!
Je vous ajusterai l'échine.
SIE. Hélas! brave et généreux moi,
Modère-toi, je t'en supplie.
Sosie, épargne un peu Sosie;
Et ne te plais pas tant à frapper dessus toi.
ERCURE. Qui de t'appeler de ce nom
A pu te donner la licence?
Ne t'en ai-je pas fait une expresse défense,
Sous peine d'essuyer mille coups de bâton?
SIE. C'est un nom que tous deux nous pouvons à la fois
Posséder sous un même maître.
Pour Sosie en tous lieux on sait me reconnaître;
Je souffre bien que tu le sois,
Souffre aussi que je le puisse être.
Laissons aux deux Amphitryons
Faire éclater des jalousies;
Et, parmi leurs contentions,
Faisons en bonne paix vivre les deux Sosies.
ERCURE. Non, c'est assez d'un seul, et je suis obstiné
A ne point souffrir de partage.
SIE. Du pas devant sur moi tu prendras l'avantage;
Je serai le cadet, et tu seras l'aîné.
ERCURE. Non, un frère incommode, et n'est pas de mon goût,
Et je veux être fils unique.
SIE. O cœur barbare et tyrannique!
Souffre qu'au moins je sois ton ombre.
ERCURE. Point du tout.
SIE. Que d'un peu de pitié ton âme s'humanise!
En cette qualité souffre-moi près de toi :
Je te serai partout une ombre si soumise,
Que tu seras content de moi.
ERCURE. Point de quartier; immuable est la loi :
Si d'entrer là-dedans tu prends encor l'audace,
Mille coups en seront le fruit.
SIE. Las! à quelle étrange disgrâce,
Pauvre Sosie, es-tu réduit!
ERCURE. Quoi! ta bouche se licencie
A te donner encore un nom que je défends!
SIE. Non, ce n'est pas moi que j'entends,
Et je parle d'un vieux Sosie
Qui fut jadis de mes parents,
Qu'avec très-grande barbarie
A l'heure du dîner l'on chassa de céans.
ERCURE. Prends garde de tomber dans cette frénésie,
Si tu veux demeurer au nombre des vivants.
SIE *à part.* Que je te rosserais, si j'avais du courage,
Double fils de putain, de trop d'orgueil enflé!
ERCURE. Que dis-tu?
SIE. Rien.
ERCURE. Tu tiens, je crois, quelque langage...
SIE. Demandez, je n'ai pas soufflé.
ERCURE. Certain mot de fils de putain
A pourtant frappé mon oreille,
Il n'est rien de plus certain.
SIE. C'est donc un perroquet que le beau temps réveille.
ERCURE. Adieu. Lorsque le dos pourra te démanger,
Voilà l'endroit où je demeure.
SIE *seul.* O ciel! que l'heure de manger
Pour être mis dehors est une maudite heure!
Allons, cédons au sort dans notre affliction,
Suivons-en aujourd'hui l'aveugle fantaisie,
Et, par une juste union,
Joignons le malheureux Sosie
Au malheureux Amphitryon.
Je l'aperçois venir en bonne compagnie.

SCÈNE VIII.

AMPHITRYON, ARGATIPHONTIDAS, POSICLÈS, SOSIE *dans un coin du théâtre sans être aperçu.*

AMPHITRYON *à plusieurs autres officiers qui l'accompagnent.*
Arrêtez là, messieurs; suivez-nous d'un peu loin,
Et n'avancez tous, je vous prie,
Que quand il en sera besoin.
POSICLÈS. Je comprends que ce coup doit fort toucher votre âme.
AMPHITRYON. Ah! de tous les côtés mortelle est ma douleur,
Et je souffre pour ma flamme
Autant que pour mon honneur.
POSICLÈS. Si cette ressemblance est telle que l'on dit,
Alcmène, sans être coupable...
AMPHITRYON. Ah! sur le fait dont il s'agit,
L'erreur simple devient un crime véritable,
Et sans consentement l'innocence y périt.
De semblables erreurs, quelque jour qu'on leur donne,
Touchent des endroits délicats;
Et la raison bien souvent les pardonne,
Que l'honneur et l'amour ne les pardonnent pas.
ARGATIPHONTIDAS. Je n'embarrasse point là-dedans ma pensée :
Mais je hais vos messieurs de leurs honteux délais;
Et c'est un procédé dont j'ai l'âme blessée,
Et que les gens de cœur n'approuveront jamais.
Quand quelqu'un nous emploie, on doit, tête baissée,
Se jeter dans ses intérêts.
Argatiphontidas ne va point aux accords.
Ecouter d'un ami raisonner l'adversaire,
Pour des hommes d'honneur n'est point un coup à faire;
Il ne faut écouter que la vengeance alors,
Le procès ne me saurait plaire,
Et l'on doit commencer toujours, dans ses transports,
Par bailler, sans autre mystère,
De l'épée au travers du corps.
Oui, vous verrez, quoi qu'il avienne,
Qu'Argatiphontidas marche droit sur ce point;
Et de vous il faut que j'obtienne
Que le pendard ne meure point
D'une autre main que de la mienne.
AMPHITRYON. Allons.
SOSIE *à Amphitryon.* Je viens, monsieur, subir, à deux genoux,
Le juste châtiment d'une audace maudite.
Frappez, battez, chargez, accablez-moi de coups,
Tuez-moi dans votre courroux,
Vous ferez bien, je le mérite;
Et je n'en dirai pas un seul mot contre vous.
AMPHITRYON. Lève-toi. Que fait-on?
SOSIE. L'on m'a chassé tout net;
Et, croyant à manger m'aller comme eux ébattre,
Je ne songeais pas qu'en effet
Je m'attendais là pour me battre.
Oui, l'autre moi, valet de l'autre vous, a fait
Tout de nouveau le diable à quatre.
La rigueur d'un pareil destin,
Monsieur, aujourd'hui nous talonne;
Et l'on me dé-Sosie enfin
Comme on vous dés-Amphitryonne.
AMPHITRYON. Suis-moi.
SOSIE. N'est-il pas mieux de voir s'il vient personne?

SCÈNE IX.

CLÉANTHIS, AMPHITRYON, ARGATIPHONTIDAS, POLIDAS, NAUCRATÈS, POSICLÈS, SOSIE.

CLÉANTHIS. O ciel!
AMPHITRYON. Qui t'épouvante ainsi?
Quelle est la peur que je t'inspire?
CLÉANTHIS. Las! vous êtes là-haut, et je vous vois ici!
NAUCRATÈS *à Amphitryon.* Ne vous pressez point; le voici
Pour donner devant tous les clartés qu'on désire,
Et qui, si l'on peut croire à ce qu'il vient de dire,
Sauront vous affranchir de trouble et de souci.

SCÈNE X.

MERCURE, AMPHITRYON, ARGATIPHONTIDAS, POLIDAS, NAUCRATES, POSICLÈS, CLÉANTHIS, SOSIE.

MERCURE. Oui, vous l'allez voir tous; et sachez par avance
Que c'est le grand maître des dieux,
Que, sous les traits chéris de cette ressemblance,
Alcmène a fait du ciel descendre dans ces lieux.
Et, quant à moi, je suis Mercure,

Qui, ne sachant que faire, ai rossé tant soit peu
Celui dont j'ai pris la figure :
Mais de s'en consoler il a maintenant lieu;
Et les coups de bâton d'un dieu
Font honneur à qui les endure.

SOSIE. Ma foi, monsieur le dieu, je suis votre valet :
Je me serais passé de votre courtoisie.

MERCURE. Je lui donne à présent congé d'être Sosie,
Je suis las de porter un visage si laid;
Et je m'en vais au ciel avec de l'ambroisie
M'en débarbouiller tout à fait.
(Mercure s'envole dans le ciel.)

ACTE III, SCÈNE V.

SOSIE. Le véritable Amphitryon
Est l'Amphitryon où l'on dîne.

SOSIE. Le ciel de m'approcher t'ôte à jamais l'envie!
Ta fureur s'est par trop acharnée après moi;
Et je ne vis de ma vie
Un dieu plus diable que toi.

SCÈNE XI.

JUPITER, AMPHITRYON, NAUCRATÈS, ARGATIPHONTIDAS, POLIDAS, POSICLÈS, CLÉANTHIS, SOSIE.

JUPITER *annoncé par le bruit du tonnerre, armé de son foudre, dans un nuage, sur son aigle.*
Regarde, Amphitryon, quel est ton imposteur;
Et sous tes propres traits vois Jupiter paraître.
A ces marques tu peux aisément le connaître;
Et c'est assez, je crois, pour remettre ton cœur
Dans l'état auquel il doit être,
Et rétablir chez toi la paix et la douceur.
Mon nom, qu'incessamment toute la terre adore,
Etouffe ici les bruits qui pouvaient éclater.
Un partage avec Jupiter
N'a rien du tout qui déshonore;
Et, sans doute, il ne peut être que glorieux
De se voir le rival du souverain des dieux.
Je n'y vois pour ta flamme aucun lieu de murmure;
Et c'est moi dans cette aventure
Qui, tout dieu que je suis, dois être le jaloux :
Alcmène est toute à toi, quelque soin qu'on emploie;
Et ce doit à tes feux être un objet bien doux
De voir que, pour lui plaire, il n'est point d'autre voie
Que de paraître son époux;
Que Jupiter, orné de sa gloire immortelle,
Par lui-même n'a pu triompher de sa foi;
Et que ce qu'il a reçu d'elle
N'a par son cœur ardent été donné qu'à toi.

SOSIE. Le seigneur Jupiter sait dorer la pilule.

JUPITER. Sors donc des noirs chagrins que ton cœur a soufferts,
Et rends le calme entier à l'ardeur qui te brûle;
Chez toi doit naître un fils qui, sous le nom d'Hercule,
Remplira de ses faits tout le vaste univers.
L'éclat d'une fortune en mille biens féconde
Fera connaître à tous que je suis ton support;
Et je mettrai tout le monde
Au point d'envier ton sort.
Tu peux hardiment te flatter
De ces espérances données :
C'est un crime que d'en douter;
Les paroles de Jupiter
Sont des arrêts des destinées.
(Il se perd dans les nues.)

NAUCRATÈS. Certes, je suis ravi de ces marques brillantes...

SOSIE. Messieurs, voulez-vous bien suivre mon sentiment?
Ne vous embarquez nullement
Dans ces douceurs congratulantes,
C'est un mauvais embarquement;
Et d'une et d'autre part, pour un tel compliment,
Les phrases sont embarrassantes.

ACTE III, SCÈNE X.

SOSIE. Et je ne vis de ma vie
Un dieu plus diable que toi.

Le grand Dieu Jupiter nous fait beaucoup d'honneur,
Et sa bonté, sans doute, est pour nous sans seconde;
Il nous promet l'infaillible bonheur
D'une fortune en mille biens féconde,
Et chez nous il doit naître un fils d'un très-grand cœur
Tout cela va le mieux du monde.
Mais enfin coupons aux discours,
Et que chacun chez soi doucement se retire;
Sur telles affaires toujours
Le meilleur est de ne rien dire.

FIN D'AMPHITRYON.

Paris. Typographie Plon frères, rue de Vaugirard, 36

Imprimé en France
FROC02n1014050514
13337FR00002B/28/P

9 782012 165762